BÜSCH | KOST | PIEK

PRÜFUNGS-TRAINER 1

Automobilkaufleute
Teil 1 der Abschlussprüfung

Prüfungstrainer
mit Aufgaben und Lösungen
zur Prüfungsvorbereitung

IN ZUSAMMENARBEIT
MIT DER VERLAGSREDAKTION

PRÜFUNGS-TRAINER 1

Dieses Buch wurde erstellt unter Verwendung von Materialien von:
Hans-Peter von den Bergen, Peter Engelhardt, Christian Fritz, Bettina Glania, Ludger Katt, Manuela Lengwinat, Ute Morgenstern, Klaus Otte, Roswitha Pütz, Claudia Simons-Kövé, Insa Wenke, Ralf Wimmers, Manfred Wünsche.

Wir weisen darauf hin, dass die im Lehrwerk genannten Unternehmen und Geschäftsvorgänge frei erfunden sind. Ähnlichkeiten mit real existierenden Unternehmen lassen keine Rückschlüsse auf diese zu. Dies gilt auch für die im Lehrwerk genannten Kreditinstitute, IBAN- und BIC-Angaben sowie Buchungsvorgänge.
Ausschließlich zum Zwecke der Authentizität wurden insoweit existierende Kreditinstitute verwendet.

Verlagsredaktion:	Sascha Heinrich
Außenredaktion:	Veronika Kühn, Köln
Bildredaktion:	Gertha Maly
Umschlaggestaltung:	Anja Rosendahl, Berlin
Titelfoto:	Sergio Vitale, vitaledesign, Berlin
Layout / Technische Umsetzung:	LemmeDESIGN, Berlin
Bildquellenverzeichnis:	S. 77: shutterstock/martan

www.cornelsen.de/cbb

Soweit in diesem Lehrwerk Personen fotografisch abgebildet sind und ihnen von der Redaktion fiktive Namen, Berufe, Dialoge und Ähnliches zugeordnet oder diese Personen in bestimmte Kontexte gesetzt werden, dienen diese Zuordnungen und Darstellungen ausschließlich der Veranschaulichung und dem besseren Verständnis des Inhalts.

Die Webseiten Dritter, deren Internetadressen in diesem Lehrwerk angegeben sind, wurden vor Drucklegung sorgfältig geprüft. Der Verlag übernimmt keine Gewähr für die Aktualität und den Inhalt dieser Seiten oder solcher, die mit ihnen verlinkt sind.

Dieses Werk berücksichtigt die Regeln der reformierten Rechtschreibung und Zeichensetzung. Ausnahmen bilden Originaltexte, bei denen lizenzrechtliche Gründe einer Änderung entgegenstehen.

1. Auflage, 1. Druck 2019

Alle Drucke dieser Auflage sind inhaltlich unverändert und können im Unterricht nebeneinander verwendet werden.

© 2019 Cornelsen Verlag GmbH, Berlin

Das Werk und seine Teile sind urheberrechtlich geschützt. Jede Nutzung in anderen als den gesetzlich zugelassenen Fällen bedarf der vorherigen schriftlichen Einwilligung des Verlages. Hinweis zu §§ 60a, 60b UrhG: Weder das Werk noch seine Teile dürfen ohne eine solche Einwilligung an Schulen oder in Unterrichts- und Lehrmedien (§ 60b Abs. 3 UrhG) vervielfältigt, insbesondere kopiert oder eingescannt, verbreitet oder in ein Netzwerk eingestellt oder sonst öffentlich zugänglich gemacht oder wiedergegeben werden. Dies gilt auch für Intranets von Schulen.

Druck: APPL, aprinta Druck, Wemding

ISBN 978-3-06-451741-7

Die Abschlussprüfung

Vorbemerkungen 8

Rahmenbedingungen der gestreckten Abschlussprüfung 9
Prüfungsverfahren und Prüfungszeiten 9
Lernfelder des Rahmenlehrplans 11

Wichtiges zur schriftlichen Abschlussprüfung 12
Vorbereitung auf die Prüfung 12
Der Tag vor der Prüfung 12
Am Prüfungstag 12
Arten von Aufgaben 14
Kontenklassen und Buchungssätze 17

Teile und Zubehör

1 Den Einkauf planen und Bestellungen durchführen 20
1.1 Ersatzteile 20
1.2 Zubehör und Accessoires 20
1.3 Lagerkennzahlen 21
1.4 Bestellvorschlaglisten 23
1.5 Bezugsquellen 24
1.6 Anfrage 25
1.7 Angebot 25
1.8 Angebotsvergleich 29
1.9 Bestellung 30
1.10 Grundlagen des Kaufvertragsrechts ... 31
1.10.1 Rechtssubjekte und Rechtsobjekte 31
1.10.2 Grundlagen für Rechtsgeschäfte 34
1.10.3 Abschluss, Gestaltung und Erfüllung von (Kauf-)Verträgen 36
1.10.4 Weitere Verträge des Wirtschaftslebens 38
1.11 AGB im Teilebereich 41

2 Warenlieferungen annehmen und einlagern 42
2.1 Warenannahme 42
2.2 Prüfung angenommener Waren 42
2.3 Mängelfeststellung und Maßnahmen 43
2.4 Warenwirtschaftssystem (WWS) 46
2.5 Einlagerung von Teilen und Zubehör ... 47

3 Eingangsrechnung auf Richtigkeit prüfen und Unstimmigkeiten klären .. 48
3.1 Kontrolle der Eingangsrechnung 48
3.2 Betrieblicher Zahlungsverkehr 48
3.3 Zahlung unter Abzug von Skonto 49

4 Teile und Zubehör organisieren 51
4.1 Lagerung von Teilen und Zubehör 51
4.2 Sortimentspolitik 53

5 Liefertermine überwachen und kommunizieren und Maßnahmen bei Lieferverzug einleiten 56
5.1 Terminüberwachung 56
5.2 Nicht-rechtzeitig-Lieferung 56

6 Material einem Auftrag zuordnen und ausgeben 59
6.1 Warenausgabe 59
6.2 Warenrücknahme 59

7 Kundenwünsche ermitteln, Kunden beraten, Teile und Zubehör verkaufen und Rechnungen erstellen 60
7.1 Grundlagen des Verkaufs 60
7.2 Verbale Kommunikation 60
7.3 Nonverbale Kommunikation 61
7.4 Phasen des Verkaufsgesprächs 62
7.4.1 Begrüßung 62
7.4.2 Bedarfsermittlung 62
7.4.3 Warenvorlage 64
7.4.4 Verkaufsargumentation 64
7.4.5 Kundeneinwände 66
7.4.6 Preisnennung 66
7.4.7 Kaufentscheidung 67
7.4.8 Ergänzungsangebote, Alternativangebote 69
7.4.9 Verabschiedung 70
7.5 Ausgangsrechnung 70
7.6 Beschwerdemanagement 72
7.7 Rechtslage bei fehlerfreier und fehlerhafter Ware 74

8 Präsentation von Zubehör planen und umsetzen 76
8.1 Gestaltung des Teile- und Zubehör-Shops 76

Inhalt

Werkstattprozesse

1	Sichtprüfungen zur Verkehrs- und Betriebssicherheit durchführen	80
1.1	Sichtprüfung an Fahrzeugen	80
1.2	Erhaltung der Verkehrs- und Betriebssicherheit	80
2	**Mechanische, hydraulische, pneumatische und elektronische Systeme unterscheiden**	**81**
2.1	Kraftübertragung	81
2.2	Hydraulik	83
2.3	Elektronik	83
2.4	Antriebstechnologie	85
2.5	Aktive und passive Fahrzeugsicherheit	86
3	**An Diagnose-, Wartungs-, Service- und Reparaturarbeiten mitwirken**	**87**
3.1	Diagnose an Fahrzeugen	87
3.2	Wartungsdienst	87
3.3	Reparaturarbeiten	93
3.4	Prüfen von Füllmengen	93
3.5	Korrigieren von Füllständen	93
4	**Bei der Beanstandungs- und Schadensaufnahme mitwirken**	**94**
4.1	Vorgehensweise bei der Schadensaufnahme	94
5	**Die umweltgerechte Entsorgung und das Recycling organisieren**	**97**
5.1	Umweltgerechte Entsorgung von Fahrzeugen	97
5.2	Umweltgerechte Entsorgung von Gefahrstoffen	99
6	**Qualitätsvorgaben im Kundenservice anwenden**	**100**
6.1	Kundenorientierung	100
7	**Informationssysteme unter Einhaltung des Datenschutzes nutzen**	**100**
7.1	Datenschutz	100
8	**Kundenwünsche ermitteln und die weitere Bearbeitung koordinieren**	**101**
8.1	Routinearbeiten	101
8.2	Arbeiten, die eine besondere Qualität erfordern	101
9	**Werkstatt- und Serviceleistungen sowie zeitwertgerechte Reparaturleistungen anbieten**	**103**
9.1	Reparaturbedingungen (AGB)	103
9.2	Unterschiedliche Serviceleistungen	104
10	**Bei der Erstellung von Kostenvoranschlägen mitwirken**	**106**
10.1	Kostenvoranschlag	106
10.2	Erstellung von Kostenvoranschlägen	106
11	**Werkstattaufträge erstellen**	**107**
11.1	Auftragsannahme	107
11.2	Ermittlung von fahrzeugbezogenen technischen Daten	107
11.3	Werkstattformulare	108
11.4	Identifikation der Ersatzteile	108
11.5	Aufklärung und Zustimmung des Kunden	109
12	**Termine planen und mit den zuständigen Bereichen koordinieren**	**109**
12.1	Werkstattkapazität und Terminplaner	109
12.2	Kriterien bei der Arbeitsplanung	109
13	**Anforderungsbezogene Fremdleistungen organisieren**	**110**
13.1	Fremdleistungen	110
13.2	Abwicklung mit der Versicherung	110
13.2.1	Unfallgeschäft	110
13.2.2	Schadenklassifizierung	111
13.2.3	Schadenregulierung	113
14	**Die Prüfung der Teileverfügbarkeit bereits bei der Terminvergabe veranlassen**	**116**
14.1	Teileverfügbarkeit und Einsatz gebrauchter Fahrzeugteile	116
14.2	Liste von Bezugsquellen und eigenem Lager	116
15	**Die Kundenmobilität sicherstellen**	**117**
15.1	Ersatzmobilität	117
16	**Rechnungen erstellen und erläutern und Zahlungen entgegennehmen**	**117**
16.1	Rechnungserstellung und -erläuterung	117
16.2	Zahlungsmöglichkeiten	118
16.3	Schiedsstelle	123

Umweltschutz

1	**Umweltbelastungen durch den Ausbildungsbetrieb und sein Beitrag zum Umweltschutz**	126		
1.1	Ursachen und Quellen von Umweltbelastungen	126		
2	**Geltende Regelungen des Umweltschutzes anwenden**	127		
2.1	Gesetze und Verordnungen zum Umweltschutz	127		
2.2	Umweltkonzepte und Umweltschutzpolitik	128		
2.3	Umweltzeichen und Entsorgungszeichen	129		

3 Wirtschaftliche und umweltschonende Energie- und Materialverwendung 129
3.1 Nachhaltiges Wirtschaften 129

4 Abfälle vermeiden sowie Stoffe und Materialien umweltschonend entsorgen 131
4.1 Umweltschonende Entsorgung 131

Stichwortverzeichnis 132

Die Abschlussprüfung

Vorbemerkungen 8

Rahmenbedingungen der gestreckten Abschlussprüfung 9
Prüfungsverfahren und Prüfungszeiten ... 9
Lernfelder des Rahmenlehrplans 11

Wichtiges zur schriftlichen Abschlussprüfung 12
Vorbereitung auf die Prüfung 12
Der Tag vor der Prüfung 12
Am Prüfungstag 12
Arten von Aufgaben 14
Kontenklassen und Buchungssätze 17

Die Abschlussprüfung

Vorbemerkungen

Im Rahmen Ihrer Ausbildung müssen Sie eine mehrteilige Abschlussprüfung absolvieren. Teil 1 der sogenannten **gestreckten Abschlussprüfung** findet etwa zur Mitte der Ausbildung statt und berücksichtigt die Inhalte der ersten 15 Ausbildungsmonate (laut Ausbildungsordnung und Berufsschulunterricht). Teil 2 der Abschlussprüfung findet am Ende der Ausbildung statt. Die gestreckte Abschlussprüfung dient dazu, den Nachweis zu erbringen, dass Sie sich während Ihrer Ausbildung sowohl die erforderlichen praktischen Fertigkeiten, Kenntnisse und Fähigkeiten als auch den im Berufsschulunterricht vermittelten Lehrstoff angeeignet haben.

Der vorliegende Prüfungstrainer Teil 1 bereitet Sie als Auszubildende/n zur/ zum Automobilkauffrau/Automobilkaufmann inhaltlich auf den ersten Teil der gestreckten Abschlussprüfung vor. Um dies zu erreichen, bietet Ihnen der Prüfungstrainer

— einen Überblick zum Aufbau und Ablauf von Teil 1 der Abschlussprüfung,

— Informationen zu den Prüfungsanforderungen laut Ausbildungsordnung,

— nützliche Hinweise und Hilfestellungen zur Prüfungsvorbereitung sowie

— Aufgaben zum schriftlichen Prüfungsteil.

So können Sie ihr Wissen testen und erweitern, um sich optimal auf den ersten Teil der Abschlussprüfung vorzubereiten. Gemäß § 9 der Ausbildungsordnung findet Teil 1 im Prüfungsbereich **Warenwirtschafts- und Werkstattprozesse** statt. Dabei soll der Auszubildende nachweisen, dass er in der Lage ist,

1. das Teile- und Zubehörlager unter Berücksichtigung der Sortimentspolitik, der Anforderungen aus den weiteren Geschäftsfeldern und der Lagerkennzahlen zu organisieren,

2. die Beschaffung von Teilen und Zubehör unter Berücksichtigung der Kundenwünsche, der Werkstattprozesse und der Fahrzeugtechnik durchzuführen und

3. den Eingang, die Lagerung und die Ausgabe von Waren zu kontrollieren und zu erfassen.

Der Prüfungstrainer folgt dabei dem Aufbau des Stoffkatalogs für die IHK-Abschlussprüfung „Automobilkauffrau/Automobilkaufmann" und enthält eine Auswahl der wichtigsten prüfungsrelevanten Themenfelder. Diesem Aufbau untergeordnet sind die aus Fachkunde 1 und 2 bekannten Lernfelder.

Für jedes Lernfeld, welches für den ersten Teil der Abschlussprüfung prüfungsrelevant ist, finden Sie eine Vielzahl von Aufgaben, die die Schwerpunkte und Stolpersteine der Prüfung widerspiegeln. Aufgaben und Lösungen werden dabei in tabellarischer Form präsentiert, sodass Sie zu den in der linken Spalte aufgeführten Fragestellungen auch gleich nebenstehend in der rechten Spalte die passenden Lösungen vorfinden.

Um den Anforderungen der gestreckten Abschlussprüfung gerecht zu werden und damit sich die Auszubildenden von Beginn an einen guten Überblick über den Aufbau und Ablauf verschaffen können, wird im folgenden Abschnitt auch der zweite Teil der gestreckten Abschlussprüfung berücksichtigt.

Rahmenbedingungen der gestreckten Abschlussprüfung

Prüfungsverfahren und Prüfungszeiten

Die gestreckte Abschlussprüfung für den Ausbildungsberuf Automobilkauffrau/Automobilkaufmann besteht laut Ausbildungsordnung wie zuvor beschrieben aus zwei Prüfungsteilen:

Teil 1			
Prüfungsbereich	Gewichtung (in Prozent)	Prüfungszeit (in Minuten)	Prüfungsform
Warenwirtschafts- und Werkstattprozesse	20	90	schriftlich

Teil 2			
Prüfungsbereich	Gewichtung (in Prozent)	Prüfungszeit (in Minuten)	Prüfungsform
Fahrzeugvertriebsprozesse und Finanzdienstleistungen	25	90	schriftlich
Kaufmännische Unterstützungsprozesse	25	90	schriftlich
Wirtschafts- und Sozialkunde	10	60	schriftlich
Kundendienstprozesse	20	20	mündlich

Teil 1 der gestreckten Abschlussprüfung soll laut Ausbildungsordnung gegen Mitte des zweiten Ausbildungsjahres stattfinden. Teil 2 der gestreckten Abschlussprüfung (schriftlicher Teil) findet zum Ende der Ausbildung und zwar für die Sommerprüfung regelmäßig Ende April/Anfang Mai jeden Jahres statt. Prüfungskandidaten, die im Winterhalbjahr ihre Prüfung ablegen, schreiben in der Regel Ende November.

In beiden schriftlichen Prüfungsteilen kommen **gebundene** und **ungebundene** Aufgaben zum Einsatz. Eine genaue Zuordnung der Aufgabenarten zu den Prüfungsbereichen kann den folgenden Übersichten entnommen werden:

Teil 1	
Prüfungsbereich	Aufgabenart
Warenwirtschafts- und Werkstattprozesse	gebunden und ungebunden (alle maschinell auswertbar)

Teil 2	
Prüfungsbereich	Aufgabenart
Fahrzeugvertriebsprozesse und Finanzdienstleistungen	ungebunden
Kaufmännische Unterstützungsprozesse	ungebunden
Wirtschafts- und Sozialkunde	gebunden und ungebunden (alle maschinell auswertbar)

Bei den gebundenen Fragen werden von Ihnen Eintragungen von Ziffern in vorgegebene Kästchen auf einem maschinell auswertbaren Lösungsblatt erwartet, die ungebundenen Aufgaben verlangen von Ihnen Textantworten und Berechnungen.

In den Prüfungsbereichen **Warenwirtschafts- und Werkstattprozesse** sowie **Wirtschafts- und Sozialkunde** kommen sowohl gebundene als auch ungebundene Fragen zum Einsatz, die aber jeweils maschinell auswertbar sein müssen.

Da die **schriftliche Prüfung** im Rahmen des zweiten Teils der gestreckten Abschlussprüfung insgesamt die Sollprüfungszeit von 240 Minuten nicht überschreitet, wird sie an einem Tag durchgeführt. Nach dem ersten Prüfungsbereich gibt es üblicherweise eine Pause, anschließend finden die zwei weiteren Prüfungsbereiche unmittelbar hintereinander statt. Die Prüfungsergebnisse werden in der Regel mit der Einladung zur mündlichen Prüfung, den sogenannten **Fachpraktischen Übungen,** von der IHK bekannt gegeben.

Die **mündliche Prüfung** findet ca. sechs Wochen nach der schriftlichen Prüfung statt und wird vor einem Prüfungsausschuss abgelegt, der sich aus mindestens drei Mitgliedern zusammensetzt. Dem Prüfungsausschuss müssen als Mitglieder Beauftragte von Arbeitgebern und Arbeitnehmern in gleicher Zahl sowie mindestens eine Lehrkraft einer berufsbildenden Schule angehören.

Die Prüfungsinhalte beruhen auf dem Rahmenlehrplan für den Ausbildungsberuf Automobilkauffrau/Automobilkaufmann, der im Jahr 2017 von der Kultusministerkonferenz (KMK) auf Grundlage der **Ausbildungsordnung** des Bundes (Verordnung über die Berufsausbildung zur/zum Automobilkauffrau/Automobilkaufmann) beschlossen wurde. Der Rahmenlehrplan und die Ausbildungsordnung können z. B. auf der Website des Bundesinstituts für Berufsbildung (BiBB) kostenlos eingesehen und heruntergeladen werden.

Auf der Grundlage der Ausbildungsordnung und des Rahmenlehrplans werden die Abschlussqualifikationen des Ausbildungsberufs festgelegt und damit auch Inhalte und Schwierigkeitsgrad der Prüfungsanforderungen bestimmt. In den §§ 7 ff. der Ausbildungsordnung sind die Inhalte sowie der Ablauf der Prüfung und die Bewertung Ihrer Prüfungsleistung geregelt.

Die Prüfung wird von der lokalen Industrie- und Handelskammer (IHK) oder der örtlich zuständigen Handwerkskammer (HWK) organisiert. Die Prüfungsaufgaben der schriftlichen Prüfung werden durch den zentralen **Aufgabenerstellungsausschuss** auf Grundlage des Rahmenlehrplans und der Ausbildungsordnung entwickelt.

Die Bewertung der offenen (ungebundenen) Fragen und die Abnahme der mündlichen Prüfung erfolgen durch lokal gebildete **Prüfungsausschüsse,** die von der IHK oder der HWK aus Praktikern und Lehrern zusammengestellt werden.

Die nachfolgende Übersicht nennt Ihnen die Lernfelder, die Sie im Rahmen Ihrer Ausbildung zu durchlaufen haben und aus denen der Aufgabenerstellungsausschuss Inhalte für die Prüfung generiert. Die zugehörigen Lerninhalte finden Sie in den drei Lehrwerksbänden **Automobilkaufleute** des Cornelsen Verlags.

Die Übersicht beinhaltet

- die Lernfelder, die Sie im Rahmen Ihrer Ausbildung absolvieren müssen,
- die Zuordnung der Lernfelder zu den Lehrwerksbänden 1 bis 3 sowie
- die Zuordnung der schriftlichen Prüfungsbereiche zu den Lernfeldern.

Lernfelder des Rahmenlehrplans

LF	Thema des Lernfelds	Prüfungsbereich[1]	Lehrwerk
1	Den Betrieb präsentieren und die betriebliche Zusammenarbeit mitgestalten	(4)	Band 1
2	Bestände und Erfolgsvorgänge erfassen und den Jahresabschluss durchführen	(3)	
3	Teile und Zubehör beschaffen und lagern	(1)	
4	Teile und Zubehör verkaufen	(1)	
5	Werkstattaufträge entgegennehmen und kaufmännische Geschäftsprozesse organisieren	(1)	Band 2
6	Neufahrzeuge disponieren und den Verkaufsprozess durchführen	(2)	
7	Gebrauchtfahrzeuge disponieren und bereitstellen	(2)	
8	Finanzdienstleistungen anbieten	(2)	
9	Personalwirtschaftliche Aufgaben wahrnehmen	(3)	Band 3
10	Wertschöpfungsprozesse erfolgsorientiert steuern	(3)	
11	Wirtschaftliche Einflüsse auf unternehmerische Entscheidungen beurteilen und danach handeln	(4)	
12	Kommunikationspolitische Maßnahmen gestalten	(2)	

[1] Schwerpunktmäßige Zuordnung der schriftlichen Prüfungsbereiche (Teil 1 und 2 der gestreckten Abschlussprüfung)

(1) Warenwirtschafts- und Werkstattprozesse (Teil 1 der gestreckten Abschlussprüfung)
(2) Fahrzeugvertriebsprozesse und Finanzdienstleistungen (Teil 2 der gestreckten Abschlussprüfung)
(3) Kaufmännische Unterstützungsprozesse (Teil 2 der gestreckten Abschlussprüfung)
(4) Wirtschafts- und Sozialkunde (Teil 2 der gestreckten Abschlussprüfung)

Wichtiges zur schriftlichen Abschlussprüfung

Vorbereitung auf die Prüfung

Die wichtigste Erfolgsregel für die Prüfungsvorbereitung lautet: Anhand von Prüfungsaufgaben trainieren, trainieren und immer wieder trainieren. Sie können über viel Fachwissen verfügen und in der Berufspraxis von den Kunden und Kollegen sehr geschätzt werden, aber um die Prüfung erfolgreich zu bestehen, müssen Sie sich auf die Besonderheiten der Prüfungssituation einstellen.

Versuchen Sie, die Aufgaben in diesem Buch immer zuerst vollständig selbst zu lösen, bevor Sie die Lösungen nachlesen (Lösungen ggf. abdecken). Recherchieren Sie erst in den Lehrbüchern, Ihren Lernunterlagen aus der Berufsschule und im Internet. Erst wenn Sie für sich eine befriedigende Lösung gefunden haben, vergleichen Sie diese mit der Lösung im Buch. Sie erhöhen dadurch deutlich den Trainingseffekt. Gerade wenn Sie mit Ihrem Lösungsansatz völlig falsch lagen, ist der Lerneffekt am höchsten. Lassen Sie sich nicht frustrieren!

Üben Sie zu Beginn nur das Beantworten der Fragen. Dabei kommt es vor allem darauf an, dass Sie die Fragen verstehen. Danach fangen Sie an, die Fragen im erforderlichen Zeitrahmen zu beantworten.

Der Tag vor der Prüfung

Kein Lernen in letzter Minute! Entspannen Sie am Tag vor der Prüfung.

Bereitlegen für die Prüfung:
— Einladung
— Personalausweis
— Kugelschreiber, Ersatzstift, Textmarker, Lineal, Bleistift, Radiergummi, Anspitzer
— Taschenrechner
— Getränk (ohne Kohlensäure), ggf. Traubenzucker, Verpflegung

Am Prüfungstag

Fahren Sie rechtzeitig von zu Hause los.

Da Sie nicht der einzige Prüfungsteilnehmer sind, ist ein rechtzeitiges Erscheinen notwendig. Fahren Sie frühzeitig zu Hause los. Bedenken Sie auch, dass z. B. eine Straßenbahn, ein Bus oder die S- und U-Bahn auch einmal ausfallen oder sich verspäten kann. Sollten Sie mit dem eigenen Fahrzeug kommen, ist auch ein Stau einzuplanen.

Die Abschlussprüfung

> - Erscheinen Sie mindestens 20 Minuten vor Prüfungsbeginn.
> - Stellen Sie Ihr Smartphone aus und stecken Sie es in Ihre Tasche.
> - Ein Smartphone, das während der Prüfung klingelt bzw. an das Sie aus Gewohnheit rangehen, kann als Betrugsversuch gewertet werden!

Bevor Sie den Prüfungsraum betreten, durchlaufen Sie die Anmeldung. Halten Sie dazu Ihre Einladung und Ihren Ausweis bereit. In der Regel bekommen Sie einen Sitzplatz zugewiesen. Begeben Sie sich umgehend auf Ihren Platz und bereiten Sie Ihren Arbeitsplatz vor.

Nach Eröffnung der Prüfung durch den Prüfungsleiter können Sie Ihren Prüfungsumschlag öffnen. Bearbeitungshinweise finden Sie auch auf dem Deckblatt der Prüfung.

Wichtig in der Prüfung ist Ihr Zeitmanagement. Es gibt einfache, schwierigere und schwere Aufgaben. Wenn Sie mit einer Aufgabe nicht auf Anhieb klarkommen, überspringen Sie diese und arbeiten die Prüfung erst einmal vollständig durch. Damit haben Sie genügend Punkte für das Bestehen gesichert und können sich in der verbleibenden Zeit mit mehr Ruhe mit den schwierigeren Aufgaben auseinandersetzen.

> Erst die einfachen Aufgaben beantworten, dann die schwierigen hintenansetzen.

Bei Buchführungsaufgaben und bei offenen Fragen mit mehreren Unterpunkten ist es oft so, dass der Schwierigkeitsgrad zunimmt. Das muss jedoch nicht so sein. Beliebt ist es auch bei den Aufgabenerstellern, am Anfang eine schwierige Frage zu stellen, die Sie zunächst „abschrecken" soll. Lassen Sie sich nicht beirren. Oder eine einfache Fragestellung enthält ein Fremdwort, über das Sie stolpern könnten, das Sie für die Lösung jedoch nicht kennen müssen. Ignorieren Sie es!

Achten Sie bei den offenen Aufgaben auf eine saubere und gut lesbare Handschrift.

> nicht lesbare Antwort = 0 Punkte

Dies lässt sich im Vorfeld trainieren und spielt bei der Bewertung Ihrer Leistung eine Rolle. Bei Zeichenaufgaben machen Sie sich eine Grobskizze auf Konzeptpapier und achten Sie auf eine saubere und übersichtliche Ausführung. In der Praxis im Kundengespräch ist dies ja auch ein wichtiger Erfolgsfaktor. Bei umfangreicheren Rechenaufgaben notieren Sie auch die Zwischenschritte, damit der Korrektor nicht auf den Gedanken kommt, Sie hätten das Ergebnis von Ihrem Nachbarn abgeschrieben.

> Ein richtiger Rechenweg kann unter Umständen auch bei falschen Zahlenwerten noch einen Punkt bringen.

Vergessen Sie im gebundenen Teil nicht, Ihre Lösungen auf das Lösungsblatt zu übertragen. Verrutschen Sie dabei nicht in der Zeile. Das Lösungsblatt wird maschinell ausgewertet, d. h. eingescannt und die Ziffer im Kästchen mit einer OCR-Software (Optical Character Recognition = optische Zeichenerkennung) ausgelesen. Schreiben Sie daher ordentliche Zahlen, und wenn Sie sich vertan haben, machen Sie das Kästchen unleserlich und schreiben die richtige Ziffer unter das Kästchen, niemals daneben oder darüber. Lösungsbögen mit unleserlichen Antworten werden von dem EDV-System zur manuellen Nachkontrolle ausgegeben.

Die meisten Menschen empfinden eine Prüfung als Stresssituation, und Stress erzeugt Unruhe und Lähmung. Je entspannter und ruhiger Sie die Prüfung angehen, umso besser können Sie in der Prüfungssituation auf Ihr gelerntes Wissen, Ihre Intelligenz und Ihren gesunden Menschenverstand zugreifen.

> Nehmen Sie Rücksicht auf andere Prüfungsteilnehmer. Auch sie wollen in Ruhe arbeiten.

Arten von Aufgaben

1. Ungebundene (offene) Aufgaben

Die ungebundenen Aufgabenstellungen sind mit mehr als einem Wort, in der Regel in ganzen Sätzen oder mit mehreren Stichworten zu beantworten. Die Prüfungsteilnehmer müssen die Antworten frei formulieren. Orthografische und grammatikalische Richtigkeit sind dabei auch Bewertungskriterien. Die Bewertung der Prüfungsleistungen wird „von Hand" durch die Prüfungsausschüsse der IHK bzw. HWK nach Bewertungskriterien vorgenommen.

> Aber auch hier gilt die Regel: Was nicht lesbar ist, kann nicht bewertet werden.

Dabei sind verschiedene Aufgabenstellungen möglich.

Beispiele für Aufgabenstellungen	Lösungsmöglichkeiten	Hinweis
Nennen Sie ...	Nehmen Sie bestimmte Aufzählungen vor.	z. B. in Stichworten
Begründen Sie ...	Treffen Sie eine Entscheidung und begründen Sie diese.	in Sätzen formulieren
Erläutern Sie ...	Erläutern Sie einen bestimmten Begriff.	in Sätzen bzw. Stichworten
Entwerfen Sie ...	Entwerfen Sie etwas, z. B. ein Kundenanschreiben.	in Sätzen formulieren
Beschreiben Sie ...	Beschreiben Sie etwas, z. B. das selektive Vertriebssystem.	in kurzen klaren Sätzen bzw. Aufzählung in Reihenfolge

> Sollen Sie z. B. vier Antworten nennen, schreiben aber fünf oder mehr Antworten hin, werden nur die ersten vier Antworten bewertet, der Rest wird nicht beachtet.

2. Gebundene (programmierte) Aufgaben

Grundsätzlich lassen sich gebundene Aufgaben unterscheiden in Auswahlaufgaben, Zuordnungsaufgaben, Reihenfolgeaufgaben, Rechenaufgaben und Datumsaufgaben.

Die häufigste Aufgabenart sind **Auswahlaufgaben,** bei denen Ihnen zu einem Sachverhalt mehrere Aussagen (in der Regel fünf) gegeben werden und Sie eine oder mehrere richtige oder falsche Aussagen finden müssen. Es gibt Aufgaben, bei denen konkretes Wissen abgefragt wird, z. B. eine gesetzliche Regelung, und Aufgaben, bei denen Ihr gesunder Menschenverstand und Ihre Konzentrationsfähigkeit getestet werden.

Lesen Sie alle Aussagen in Ruhe durch. Wenn Sie nicht auf Anhieb die richtige Aussage finden, schließen Sie zunächst die Aussagen aus, die offensichtlich falsch sind (Ausschlussverfahren). Oft können Sie diese an Formulierungen mit „stets", „immer", „auf keinen Fall" oder ähnlichen erkennen. Gefährlich sind solche Aussagen, die fast richtig sind, bei denen der Fehler gut versteckt ist. Zum Beispiel ist die Aussage „Der Bildschirm muss unverstellbar sein." zu den Kriterien des Bildschirmarbeitsplatzes falsch wegen der zwei Buchstaben „un", die man schnell überliest. Lesen Sie daher genau und in Ruhe. Finden Sie keine eindeutig richtige Aussage, so wählen Sie die Aussage, die Ihnen am wenigsten falsch erscheint.

Gelegentlich werden zu Auswahlaufgaben Zeitungsartikel, Gesetzestexte, Grafiken oder Statistiken mit abgedruckt. Bei umfangreichen Aufgaben muss Ihr Zeitmanagement im Vordergrund stehen. Es ist nicht immer unbedingt erforderlich, den gesamten Text durchzulesen. Wenn Sie nicht auf Anhieb die richtige Aussage finden, markieren Sie die Aufgabe, um später zu ihr zurückzukehren, und gehen Sie zur nächsten Aufgabe über.

Anhand der Anzahl der Kästchen auf dem Lösungsbogen können Sie erkennen, ob bei einer Auswahlaufgabe eine oder mehrere Aussagen richtig sind. Im Text der Aufgabenstellung überliest man dies leicht. Ferner gibt es Auswahlaufgaben, bei denen die Aussage gefunden werden soll, die nicht richtig ist. Schnell überliest man das „nicht". Lesen Sie daher alles genau und in Ruhe durch.

Bei **Zuordnungsaufgaben** ordnen Sie Fachbegriffe den Sachverhalten zu. Lesen Sie alle Sachverhalte durch und ordnen Sie zunächst die einfachen Begriffe zu, um die Auswahlmöglichkeiten für die schwierigeren Begriffe einzugrenzen. Ist Ihnen ein Fachbegriff nicht bekannt, z. B. „Diversifikation", versuchen Sie, ihn zu übersetzen, z. B. divers = verschieden, und dann finden Sie den zugehörigen Sachverhalt.

Bei **Reihenfolgeaufgaben** haben Sie z. B. mehrere gegebene Arbeitsschritte in die richtige Reihenfolge zu bringen. Suchen Sie zunächst nach dem ersten oder dem letzten Arbeitsschritt, dann lassen sich die anderen Arbeitsschritte leichter in die richtige Reihenfolge bringen.

Bei **Rechenaufgaben** haben Sie die Hilfestellung, dass Ihr Berechnungsergebnis in die vorgegebenen Kästchen auf dem Lösungsbogen passen muss. Üben Sie Prozentrechnung und den Umgang mit dem Dreisatz. Beliebt sind Aufgaben, bei denen Sie auf Hundert hochrechnen (z. B. in der Preiskalkulation) oder einen Wert aus einer Formel ermitteln müssen, der nicht links vor dem Gleichheitszeichen steht (z. B. die Kredithöhe in der Zinsberechnungsformel). Setzen Sie alle gegebenen Werte in die Formel ein und lösen Sie die Formel dann nach dem gesuchten Wert auf.

Oft sind die Zahlen in Rechenaufgaben so gewählt, dass Sie ohne Taschenrechner schneller zum Ergebnis kommen, sofern Sie gut im Kopfrechnen sind. Denken Sie auch bei Rechenaufgaben an Ihr Zeitmanagement.

Machen Sie zur Sicherheit immer eine Überschlagsrechnung im Kopf und verlassen sich nicht blind auf das Ergebnis des Taschenrechners.

Bei **Datumsaufgaben** müssen Sie eine Frist berechnen und in die Lösungskästchen das Ergebnis als Datum eintragen. Achten Sie auf das geforderte Datumsformat: TT-MM-JJJJ oder JJJJ-MM-TT und darauf, ob Sie mit 30 Tagen pro Monat oder tagesgenau rechnen sollen. Eine Frist beginnt immer mit Ablauf des ersten Tags und endet mit Ablauf des letzten Tags. Zählen Sie ab dem nächsten Tag und rechnen Sie die Woche mit sieben Tagen. Vier Wochen sind 28 Tage. Die regelmäßige dreijährige Verjährungsfrist beginnt mit Ablauf des Jahres.

Darüber hinaus können in der Prüfung auch einige Buchführungsaufgaben vorkommen, die aus den sogenannten **Kontierungsaufgaben** bestehen.

Ihnen wird dazu ein Geschäftsvorfall vorgegeben. Mithilfe des Kontenplans und den dortigen Kontonummern mit Konto-Bezeichnungen (der Kontenplan ist normalerweise am Anfang des Prüfungsbogens zusammen mit der Unternehmensbeschreibung abgebildet) müssen Sie die Lösung in ein vorgegebenes T-Konto eintragen.

Das T-Konto ist in Soll und Haben (links und rechts) getrennt und enthält jeweils ein oder mehrere Kästchen, in das Sie die richtige Kontonummer, die Kontenbezeichnung und den Betrag eintragen. Sind z. B. vier Kästchen vorgegeben (zwei rechts, zwei links), so können Sie davon ausgehen, dass zumindest auf einer Seite zwei Konten durch den Geschäftsvorfall angesprochen werden.

Der häufigste Fehler bei Buchführungsaufgaben ist der sogenannte „Dreher", d. h. Soll- und Habenseite werden verwechselt. Das Arbeiten mit einem Kontenrahmen bzw. mit dem Kontenrahmen Ihrer Branche sollte Ihnen gut vertraut sein, denn über die Kontenklasse (erste Ziffer der Kontonummer) können Sie schon eine grobe Einordnung der richtigen Seite vornehmen, wie das folgende Schema zeigt.

Kontenklassen und Buchungssätze

Betrifft der Vorgang einen Bestand (Bilanz) oder den Erfolg (GuV)?							
Bestand (Bilanz)				Erfolg (GuV)			
Vermögen oder Schulden?				Aufwand oder Ertrag?			
Aktivseite (= Vermögen)		Passivseite (= Schulden)		Aufwand		Ertrag	
Zugang oder Abgang?		Zugang oder Abgang?					
Zugang	Abgang	Abgang	Zugang				
links (im Soll) buchen	rechts (im Haben) buchen	links (im Soll) buchen	rechts (im Haben) buchen	links (im Soll) buchen		rechts (im Haben) buchen	
0	Anlagevermögen	0	Eigenkapital und Darlehen	4	Aufwandskonten	8	Ertragskonten
1	Umlaufvermögen (Kassenbestand, Guthaben bei Kreditinstituten, Forderungen usw.)	1	Verbindlichkeiten	7	VAK (verrechnete Anschaffungskosten)		
3	Wareneingangs- und Bestandskonten						

Teile und Zubehör

1	**Den Einkauf planen und Bestellungen durchführen**	20
1.1	Ersatzteile	20
1.2	Zubehör und Accessoires	20
1.3	Lagerkennzahlen	21
1.4	Bestellvorschlaglisten	23
1.5	Bezugsquellen	24
1.6	Anfrage	25
1.7	Angebot	25
1.8	Angebotsvergleich	29
1.9	Bestellung	30
1.10	Grundlagen des Kaufvertragsrechts	31
1.10.1	Rechtssubjekte und Rechtsobjekte	31
1.10.2	Grundlagen für Rechtsgeschäfte	34
1.10.3	Abschluss, Gestaltung und Erfüllung von (Kauf-)Verträgen	36
1.10.4	Weitere Verträge des Wirtschaftslebens	38
1.11	AGB im Teilebereich	41
2	**Warenlieferungen annehmen und einlagern**	42
2.1	Warenannahme	42
2.2	Prüfung angenommener Waren	42
2.3	Mängelfeststellung und Maßnahmen	43
2.4	Warenwirtschaftssystem (WWS)	46
2.5	Einlagerung von Teilen und Zubehör	47
3	**Eingangsrechnung auf Richtigkeit prüfen und Unstimmigkeiten klären**	48
3.1	Kontrolle der Eingangsrechnung	48
3.2	Betrieblicher Zahlungsverkehr	48
3.3	Zahlung unter Abzug von Skonto	49
4	**Teile und Zubehör organisieren**	51
4.1	Lagerung von Teilen und Zubehör	51
4.2	Sortimentspolitik	53
5	**Liefertermine überwachen und kommunizieren und Maßnahmen bei Lieferverzug einleiten**	56
5.1	Terminüberwachung	56
5.2	Nicht-rechtzeitig-Lieferung	56
6	**Material einem Auftrag zuordnen und ausgeben**	59
6.1	Warenausgabe	59
6.2	Warenrücknahme	59
7	**Kundenwünsche ermitteln, Kunden beraten, Teile und Zubehör verkaufen und Rechnungen erstellen**	60
7.1	Grundlagen des Verkaufs	60
7.2	Verbale Kommunikation	60
7.3	Nonverbale Kommunikation	61
7.4	Phasen des Verkaufsgesprächs	62
7.4.1	Begrüßung	62
7.4.2	Bedarfsermittlung	62
7.4.3	Warenvorlage	64
7.4.4	Verkaufsargumentation	64
7.4.5	Kundeneinwände	66
7.4.6	Preisnennung	66
7.4.7	Kaufentscheidung	67
7.4.8	Ergänzungsangebote, Alternativangebote	69
7.4.9	Verabschiedung	70
7.5	Ausgangsrechnung	70
7.6	Beschwerdemanagement	72
7.7	Rechtslage bei fehlerfreier und fehlerhafter Ware	74
8	**Präsentation von Zubehör planen und umsetzen**	76
8.1	Gestaltung des Teile- und Zubehör-Shops	76

1 Den Einkauf planen und Bestellungen durchführen

1.1 Ersatzteile

Erklären Sie, was unter einem Originalersatzteil zu verstehen ist.	**Originalersatzteile** sind Teile, die auch für die Erstausrüstung des Fahrzeugs verwendet werden und mit dem Logo des Fahrzeugherstellers oder des Teileproduzenten kenntlich gemacht sind.
Welche Unterschiede weisen qualitativ gleichwertige Ersatzteile im Vergleich zu Originalersatzteilen auf?	Im Vergleich zu Originalersatzteilen sind **qualitativ gleichwertige Ersatzteile** bau- und funktionsgleich. Außerdem entsprechen sie in jeglicher Hinsicht deren Qualität. Sie können allerdings auch von Teileherstellern stammen, die nicht die Erstausrüster der Fahrzeugmarke sind.
Was verstehen Sie unter qualitativ unterschiedlichen Ersatzteilen? In welche Gruppen unterteilen sie sich?	**Qualitativ unterschiedliche Ersatzteile** weisen eine auf das Fahrzeugalter ausgerichtete Qualität auf und lassen sich in drei Gruppen einteilen: – Speziell für die Fahrzeugmarke entwickelte, zeitwertgerechte Ersatzteile. – **Austauschteile:** durch Aufbereitung durch den Hersteller in den Neuzustand versetzte Teile; diese entsprechen also der Qualität der Neuteile. – **Gebrauchtteile:** nicht weiter bearbeitete Teile (keine verbindlichen Qualitätsstandards), die aus anderen Fahrzeugen (etwa Unfallwagen) ausgebaut wurden. Als mögliche Lieferanten kommen Automobilhersteller, Kfz-Zulieferer, Verwertungsbetriebe und Schrotthändler infrage.

1.2 Zubehör und Accessoires

Inwieweit können Entscheidungen für bestimmte Zubehörteile die Fahrsicherheit erhöhen?	Heutige Neufahrzeuge verfügen serienmäßig schon über eine Vielzahl an **sicherheitsrelevanten Ausstattungen,** wie ABS, ESC, Knautschzonen, Sicherheitsgurt, Gurtstraffer, Airbags usw. Auch Klimaanlage, Navigationsgeräte und Einparksensoren sind schon vielfach serienmäßig verbaut. Das Beratungsgespräch sollte aber auch dazu genutzt werden, die weiteren Möglichkeiten zur Verbesserung der Sicherheit vorzustellen und entsprechend das Kaufinteresse des Kunden zu wecken. Je nach Hersteller und Modell kann es sich dabei um die unterschiedlichsten Zubehöre handeln: – Licht- und Regensensor nehmen ihm das „Suchen" des Schalters ab und sorgen für weniger Ablenkung, ebenso ein Head-Up-Display; – das ACC hilft, einen sicheren Abstand zum Vordermann zu halten; – die Vorteile des Spurhalte-, Notbrems- und Toter-Winkel-Assistent leuchten sofort ein. Allen diesen Zubehörteilen ist gemein, dass sie neben dem **Komfort** auch die **Fahrsicherheit** erhöhen: Je wohler sich der Fahrer auch bei längeren Fahrten durch „seine" Sitzposition in einem Komfortsitz, durch angenehme Temperaturen aufgrund einer Klimaanlage, das „Gasfuß-Erholen" wegen des Tempomaten fühlt, umso entspannter und sicherer kann er am Straßenverkehr teilnehmen.

1.3 Lagerkennzahlen

Erläutern Sie den Begriff Wareneinsatz und geben Sie an, wie dieser berechnet wird.	Der **Wareneinsatz** stellt die Ausgaben dar, die der Händler für seine Waren, die tatsächlich verkauft wurden, selbst im Einkauf gezahlt hat.
	
	Wareneinsatz = verrechnete Anschaffungskosten
	
	Berechnungsmöglichkeiten des Wareneinsatzes:
	1. Warenabsatz (Stück) · Bezugspreis = Wareneinsatz
	2. Anfangsbestand
	   + Wareneinkäufe
	   – Schlussbestand
	   = Wareneinsatz
	
	Achtung: Warenabsatz (Stück) · Nettoverkaufspreis = Netto-Umsatz

Wie lautet die Formel zur Berechnung des durchschnittlichen Lagerbestandes? Geben Sie drei verschiedene Formeln an. (AB = Anfangsbestand, SB = Schlussbestand)	**Durchschnittlicher Lagerbestand** bei jährlicher Rechnung: $\dfrac{AB + SB}{2}$ bei vierteljährlicher Rechnung (Quartalsrechnung): $\dfrac{AB + 4 \text{ Vierteljahres-SBs}}{5}$ bei monatlicher Rechnung: $\dfrac{AB + 12 \text{ Monats-SBs}}{13}$ allgemeine Berechnung: $\dfrac{\text{Summe der Bestände}}{\text{Anzahl der Bestände}}$
Wie lautet die Formel zur Berechnung der Umschlagshäufigkeit? Geben Sie zwei Berechnungsmöglichkeiten an.	**Umschlagshäufigkeit** $= \dfrac{\text{Menge der jährlich verkauften Ware}}{\text{durchschnittlicher Lagerbestand}}$ **Umschlagshäufigkeit** $= \dfrac{\text{Jahresumsatz zu Einkaufspreisen (Wareneinsatz)}}{\text{durchschnittlicher Lagerbestand zu Einkaufspreisen}}$
Wie lautet die Formel zur Berechnung der durchschnittlichen Lagerdauer?	**Durchschnittliche Lagerdauer** $= \dfrac{360}{\text{Umschlagshäufigkeit}}$

Welche Kosten fallen durch die Lagerhaltung an? Nennen und erläutern Sie vier Lagerkosten.	Die Lagerkosten können unterteilt werden in: – **Kosten** für Lagerbestände Zinsen für gebundenes Kapital (= Die eingelagerten Teile sind bereits vom Autohändler bezahlt. Hätte der Händler nicht so viele Waren eingekauft, hätte er das Geld stattdessen auf der Bank zinsbringend anlegen können. Dieser entgangene Zins stellt die Kosten für das gebundene Kapital dar.) – **Kosten des Bestandsrisikos** Verderb, Schwund, Diebstahl, Warenpflege, Versicherungsprämien – **Kosten der Lagerverwaltung** Löhne und Gehälter für das Lagerpersonal, Sozialaufwendungen, Büromaterial, EDV – **Kosten der Lagerräume** Miete, Energiekosten, Abschreibung (= Wertminderung z. B. der Lagereinrichtung im Zeitverlauf), Gebäudeversicherung, Instandhaltungskosten
Wie entstehen im Lager Kapitalbindungskosten?	Dadurch, dass der Automobilkaufmann seine Ware, die er einkauft, bezahlt, bevor er sie verkauft hat, ist in der am Lager befindlichen Ware ein großes Kapital gebunden, das Kosten verursacht, die ebenfalls genau überwacht werden müssen.
Wie lautet die Formel zur Berechnung des Lagerzinssatzes?	$$\text{Lagerzinssatz} = \frac{\text{Jahreszinssatz} \cdot \text{durchschnittliche Lagerdauer}}{360}$$
Welche positiven Konsequenzen entstehen durch die Absenkung des durchschnittlichen Lagerbestandes?	Gelingt es, den durchschnittlichen Lagerbestand zu verringern, hat das positive Konsequenzen: – Umschlagshäufigkeit steigt – durchschnittliche Lagerdauer sinkt – Kapitalbindungsdauer und Kapitalbedarf sinken – Lagerzinssatz und Lagerzinsen sinken – Gefahr von Lagerrisiken (z. B. durch Schwund, Diebstahl) sinkt – sonstige Lagerkosten (z. B. für Warenpflege, Warenversicherung) fallen
Wie errechnen Sie den optimalen Lagerbestand?	**Optimaler Lagerbestand** = optimale Bestellmenge + eiserne Reserve

Beschreiben Sie das Verfahren und den Grundgedanken der ABC-Analyse.	Mithilfe der **ABC-Analyse** kann ein Unternehmen bedeutende, durchschnittlich bedeutende und weniger bedeutende Artikel seines Sortiments voneinander abgrenzen. Dies geschieht durch eine Aufteilung aller Artikel nach dem Gesamtbestellwert in A-, B- und C-Güter.
	Die ABC-Analyse geht von dem Grundgedanken aus, dass mengenmäßig wenige Güter einen wertmäßig hohen Anteil am Gesamtbestellwert haben (A-Güter). Dem gegenüber stehen mengenmäßig viele Güter mit einem nur geringen Anteil am Gesamtbestellwert (C-Güter). B-Güter nehmen sowohl mengen- als auch wertmäßig eine Zwischenstellung ein.
	Eine ABC-Analyse erfolgt in fünf Schritten: 1. Erfassen der Einkaufsmengen und Preise je Artikel 2. Ermittlung des Einkaufswertes je Artikel (Menge · Preis) 3. Ermittlung des prozentualen Anteils an der Gesamteinkaufsmenge und am Gesamteinkaufswert für jeden Artikel 4. Sortieren der Artikel vom höchsten bis zum niedrigsten prozentualen Anteil am Gesamteinkaufswert 5. Klassifizierung der Rangfolge A, B, C und Auswertung der Ergebnisse
	Mit der ABC-Analyse ist es möglich, das Wesentliche vom Unwesentlichen zu trennen. Der Händler erhält wertvolle Anhaltspunkte, welchen Gütern er besondere Aufmerksamkeit schenken sollte. Durch den entsprechenden Umgang mit A-, B- und C-Gütern kann er die Wirtschaftlichkeit seines Unternehmens steigern.

1.4 Bestellvorschlaglisten

Erklären Sie die Lagerbestandszahlen Mindest-, Melde- und Höchstbestand.	Der **Mindestbestand** (= eiserner Bestand) ist ein vom Unternehmen festgelegter Bestand, der die Lieferbereitschaft auch bei unvorhergesehenen Zwischenfällen sichern soll. Dieser Bestand darf nur mit ausdrücklicher Genehmigung bzw. Anweisung der Geschäftsleitung angetastet werden.
	Der **Meldebestand** legt den genauen Bestellzeitpunkt fest. Bei Erreichen des Meldebestandes muss eine bestimmte Menge der Ware bestellt werden bzw. die Bestellung wird automatisch ausgelöst. Die folgende Formel zur Errechnung des Meldebestandes gewährleistet, dass in der Zeitspanne zwischen Bestellung und Lieferung der Ware der Mindestbestand nicht unterschritten wird.
	Meldebestand = Mindestbestand + (Tagesabsatz · Lieferzeit)
	Der **Höchstbestand** ist ein ebenfalls vom Unternehmen festgelegter Bestand, der die Höchstlagerungsmenge der Ware bestimmt. Er ist abhängig von der räumlichen Lagerungskapazität, von der täglich verkauften Menge und den durch die Lagerung entstehenden Kosten.
	Höchstbestand = Mindestbestand + Bestellmenge

Teile und Zubehör

Erklären Sie die optimale Bestellmenge.	Die **optimale Bestellmenge** liegt dort, wo die Gesamtkosten, d. h. die Summe aus Bestell- und Lagerkosten, minimal sind.
Mit welchen zwei Verfahren bestimmt das Autohaus seinen optimalen Bestellzeitpunkt? Erläutern Sie diese und gehen Sie auch darauf ein, unter welchen Voraussetzungen das jeweilige Verfahren angewendet werden kann.	**Bestellrhythmusverfahren** Beim Bestellrhythmusverfahren bestellt der Automobilhändler zu bestimmten vorher festgelegten Terminen. Die Liefertermine erfolgen in festen Zeitabständen. Dieses Verfahren eignet sich dann, wenn der Teilebedarf gleichbleibend ist. Dieses Verfahren vereinfacht naturlich sehr den Bestellvorgang und die Bestandsüberwachung. Allerdings kommt es bei rückläufigem Bedarf zu Überbeständen, bei einem steigenden Bedarf reichen dagegen die Lagerbestände nicht mehr aus. Es kommt zu Absatzstörungen. Sollte der tägliche Bedarf regelmäßigen Schwankungen unterliegen, eignet sich eher das Bestellzeitpunktverfahren. **Bestellzeitpunktverfahren** Bei diesem Verfahren werden die Teile beim Erreichen eines bestimmten Meldebestandes bestellt. Erreicht der Lagerbestand jeweils den Meldebestand eines Teiles, dann gibt das Lager eine Bedarfsmeldung an die Disposition weiter bzw. wird der Bestellvorgang mithilfe des EDV-Systems automatisch ausgelöst.
Erläutern Sie den Bergriff „Bestellvorschlagsliste".	Die **Bestellvorschlagsliste** wird vom Warenwirtschaftssystem auf Grundlage der hinterlegten Lagerbestandszahlen automatisch erzeugt und dient zur Ausführung der nächsten Bestellung.

1.5 Bezugsquellen

Welche Möglichkeiten der Bezugsquellenermittlung hat das Autohaus?	Im Unternehmen (unternehmensintern) werden – meist im Zusammenhang mit dem Warenwirtschaftssystem – Karteien (von Hand) oder Dateien (EDV-gestützt) über mögliche Lieferanten geführt. Außerbetriebliche (unternehmensexterne) Informationen können aus folgenden **Bezugsquellen** gewonnen werden: **Internet** Das Internet bietet über Suchmaschinen die umfangreichste und zielgenaueste Möglichkeit, an Lieferantenadressen zu kommen und gegebenenfalls per E-Mail direkt Kontakt mit dem möglichen Lieferanten aufzunehmen. **Adressenverzeichnisse** Die Vorläufer dieser Onlineverzeichnisse sind Adressenverzeichnisse, die auch in Papierform publiziert werden: – „Gelbe Seiten", das Branchentelefonbuch aus den Daten der Deutschen Telekom (www.dastelefonbuch.de bzw. www.gelbeseiten.de) – „Wer liefert was", ein Nachschlagewerk, das es seit 1931 gibt und heute von einer Gesellschaft in Hamburg gepflegt wird, eine Sammlung aller Lieferantenadressen

Teile und Zubehör

Messen und Ausstellungen

Hinweise auf mögliche Lieferanten bekommt man auch auf Messen oder Ausstellungen, die entweder von Messegesellschaften veranstaltet werden oder von Herstellern gezielt für den Handel angeboten werden.

Fachzeitschriften

Für den Automobilhandel gibt es aber auch zahlreiche Fachzeitschriften, in denen Hersteller oder Händler ihre Produkte anbieten und die sowohl anderen Händlern als auch dem Endverbraucher als Informationsquelle für Adressen dienen können.

1.6 Anfrage

Welche Aufgabe und rechtliche Wirkung hat die Anfrage beim Zustandekommen von Kaufverträgen?	Bei der Anbahnung eines Kaufvertrags hat die **Anfrage** das Ziel festzustellen, ob und zu welchen Bedingungen mögliche Lieferer die Waren, die beschafft werden sollen, in ihrem Programm führen. Durch Anfragen bei verschiedenen möglichen Lieferern soll die günstigste Bezugsquelle ermittelt werden. **Anfragen sind rechtlich unverbindlich.**
An welche Punkte sollten Sie sich bei einer Anfrage hinsichtlich der Form und des Inhalts halten?	Anfragen sind an **keine Form gebunden,** d. h., sie können schriftlich, mündlich, telefonisch oder auch per E-Mail abgegeben werden. Ein **Anfrageschreiben** sollte den Grund der Anfrage sowie die Angabe der benötigten Ware mit der gewünschten Qualität und Menge enthalten. Weiterhin sollten die Preise sowie die Zahlungs- und Lieferbedingungen angefragt und auf den gewünschten Liefertermin hingewiesen werden.

1.7 Angebot

Was gilt nach dem Gesetz als ein Angebot und welche rechtliche Wirkung ist damit verbunden?	Ein **Angebot** ist eine **an eine bestimmte Person gerichtete Willenserklärung** des Verkäufers, unter bestimmten Bedingungen einen Kaufvertrag miteinander abzuschließen. Unter rechtlichen Gesichtspunkten gilt ein Angebot als **Antrag,** an den der Antragende gebunden ist, es sei denn, dass er die Gebundenheit ausgeschlossen hat.
Welche Punkte sollte jedes Angebot enthalten? Nennen Sie fünf Punkte.	Ein **Angebot** sollte die folgenden Aspekte enthalten: – Angaben zum Kaufgegenstand (Spezifikation) – Menge, Preis, Preisnachlässe und Kosten – Zahlungsbedingungen – Lieferungsbedingungen, wie z. B. Leistungsort (Erfüllungsort) – evtl. Gerichtsstand Damit keine Probleme entstehen, sollten alle Aspekte schriftlich vereinbart werden. Wurden keine Inhalte vereinbart, so treten die gesetzlichen Regelungen des BGB in Kraft.

Unterscheiden Sie Stück- und Gattungsschulden.	Bei einer **Stückschuld** (auch **Speziesschuld** genannt) schuldet der Schuldner dem Gläubiger einen Leistungsgegenstand, welcher bereits bei Vertragsabschluss durch die Vertragsparteien individuell bestimmt wurde. So kann es sich bei dem Leistungsgegenstand um ein Einzelstück handeln (z. B. ein Gemälde). Durch die genaue Bestimmung des Leistungsgegenstands gibt es keine andere Auswahlmöglichkeit für den Schuldner. Bei **Gattungsschulden** wurde der Leistungsgegenstand von den Vertragsparteien nur der Gattung nach bestimmt. Dabei ist unter Gattung eine Gruppe von Gegenständen zu verstehen, welche gemeinschaftliche Merkmale aufweisen, wie z. B. Fahrzeugtyp oder -modell. Da der Leistungsgegenstand austauschbar ist, ist es dem Verkäufer in der Regel möglich, wenn es beispielsweise zu einem Verlust der Lieferung kommt, diesen in gleicher Art zu ersetzen (z. B. bei einem Neufahrzeug).
Erklären Sie die rechtliche Bedeutung des Erfüllungsortes und gehen Sie auch darauf ein, wie bei Warenschulden der Erfüllungsort geregelt ist.	Beim **Erfüllungsort (Leistungsort)** handelt es sich um den Ort, an welchem der Schuldner seine Leistungshandlung erbringen muss. Wurde hierzu keine vertragliche Vereinbarung getroffen, ist laut Gesetz der Wohnsitz oder die gewerbliche Niederlassung des Schuldners Erfüllungsort. Handelt es sich um **Warenschulden** und wurde keine andere vertragliche Vereinbarung getroffen, so gilt der gesetzliche Erfüllungsort (Sitz des Verkäufers). Der Verkäufer bietet die Ware zur Abholung an seinem Sitz an, der Käufer hat diese abzuholen.
Unterscheiden Sie Hol-, Bring- und Schickschulden.	Bei Warenschulden handelt es sich fast immer um **Holschulden**. Beim Verkäufer (Schuldner) liegen der Leistungs- sowie der Erfolgsort. Auch bei einer **Bringschuld** sind der Leistungs- sowie der Erfolgsort identisch. Sie liegen jedoch nicht beim Schuldner, sondern beim Gläubiger. Damit der Kaufvertrag erfüllt werden kann, ist es erforderlich, dass der Schuldner die Ware zum Gläubiger bringt. **Schickschulden** sind dadurch gekennzeichnet, dass Leistungs- und Erfolgsort auseinanderfallen. Leistungsort ist der Wohnsitz des Schuldners, Erfolgsort der Wohnsitz des Gläubigers. Bei Geldschulden gilt nach § 270 BGB der gesetzliche Erfüllungsort (Schuldner muss das Geld von seinem Wohnsitz z. B. überweisen). Geldschulden sind daher Schickschulden.
Warum entsteht bei Geldschulden eine qualifizierte Schickschuld?	Bei Geldschulden wird auch von einer **qualifizierten Schickschuld** gesprochen, da die Leistungsübermittlung auf Gefahr des Schuldners erfolgt. Anfallende Kosten sind ebenfalls vom Schuldner zu zahlen. Kommt das Geld nicht an, muss er es noch einmal überweisen.
Erläutern Sie die gesetzlichen Regelungen zum Gefahrenübergang. Gehen Sie dabei auch auf den Versendungskauf ein.	Der **Gefahrenübergang** ist in § 446 BGB geregelt. Er erfolgt mit der Übergabe der verkauften Sache vom Schuldner an den Gläubiger. Dabei ist der jeweilige Erfüllungsort zu beachten: Holschuld = Wohnsitz des Schuldners, Bringschuld = Wohnsitz des Gläubigers. Liegt ein Versendungskauf vor, so geht die Gefahr an den Gläubiger über, sobald der Schuldner die Ware z. B. an eine Spedition übergeben hat (§ 447 BGB). Kommt es zu einem Schaden, liegt das Risiko beim Gläubiger.

Wann muss bei fehlender vertraglicher Vereinbarung der Verkäufer liefern und der Käufer zahlen?	Wurde in einem Kaufvertrag **kein Lieferzeitpunkt bestimmt,** so kann der Gläubiger die Leistung sofort verlangen, der Schuldner sie sofort bewirken (§ 271 (1) BGB). **Ist eine Zeit bestimmt,** so ist im Zweifel anzunehmen, dass der Gläubiger die Leistung nicht vor dieser Zeit verlangen, der Schuldner aber sie vorher bewirken kann (§ 271 (2) BGB). Stellt der Verkäufer die Leistung zur Verfügung (z. B. liefert er die Ware), so kann er auch die sofortige Zahlung verlangen. Wichtig: Es muss berücksichtigt werden, welcher Erfüllungsort für die Zahlung vereinbart wurde. Gilt der Sitz des Verkäufers als Erfüllungsort, so muss der Käufer sicherstellen, dass das Geld am Fälligkeitstag dem Verkäufer gutgeschrieben wurde. Sind unterschiedliche Erfüllungsorte vereinbart, so reicht es aus, wenn das Geld durch den Käufer am Fälligkeitstag angewiesen wird.
Geben Sie je zwei Beispiele zu einem bestimmten und einem unbestimmten Liefertermin.	Bei einem **bestimmten Liefertermin** im Kaufvertrag ist die Lieferung kalendermäßig bestimmt bzw. bestimmbar, etwa indem die Lieferung ab einem bestimmten Ereignis nach dem Kalender zu berechnen ist, z. B. „Lieferung am 15.05. XX" oder „Lieferung im Mai". Bei einem **unbestimmten Liefertermin** kann niemand den Liefertermin mithilfe eines Kalenders bestimmen bzw. eingrenzen, bis wann die Lieferung spätestens erfolgen soll, z. B. „Lieferung ab Mai" oder „Lieferung so schnell wie möglich".

Ein Rechnungsbetrag kann durch vereinbarte Preisnachlässe reduziert werden. Erläutern Sie fünf Arten von Preisnachlässen.	**Preisnachlässe**
	– **Bonus**
	  nachträglicher Preisnachlass, der z. B. pro Halbjahr oder am Jahresende durch den Lieferanten gewährt wird, wenn vereinbarte Umsatzziele erreicht wurden
	– **Mengenrabatt**
	  wird bei der Abnahme größere Warenmengen gewährt
	– **Personalrabatt**
	  Rabatt, der vom Arbeitgeber den Arbeitnehmern eingeräumt wird
	– **Sonderrabatt**
	  wird Kunden z. B. bei einer Geschäftsaufgabe eingeräumt
	– **Treuerabatt**
	  dienen der längerfristigen Kundenbindung; z. B. als Anreiz, Ware nur von einem Lieferanten zu beziehen
	– **Wiederverkäuferrabatt**
	  wird dem Groß- und Einzelhandel gewährt, da die Endverkaufspreise durch die Hersteller bestimmt werden (Handelsspanne); dienen zur Absicherung des Händlergewinns

Wie wird die Übernahme der Beförderungskosten gesetzlich geregelt?	Bei Warenschulden handelt es sich um Holschulden. Wurden keine abweichenden Vereinbarungen getroffen, so gelten die gesetzlichen Regelungen. Dem **Verkäufer** fallen die Kosten bis zur Übergabe zu. Hierbei handelt es sich um die Lagerkosten, die Kosten für das Messen, Wiegen und Abpacken sowie die Kosten, die für den Transport bis zum Erfüllungsort entstehen. Dem **Käufer** fallen die Kosten für den Transport ab dem Erfüllungsort zu.

Wer trägt beim Kaufvertrag die Verpackungskosten?	Wurde keine vertragliche Vereinbarung getroffen, greift die gesetzliche Regelung (§ 448 BGB). Da sich der Preis der Ware auf das Nettogewicht bezieht, trägt der Käufer die Kosten (§ 380 HGB).
Die Beförderungskosten können auch vertraglich vereinbart werden. Erläutern Sie sechs Vereinbarungen.	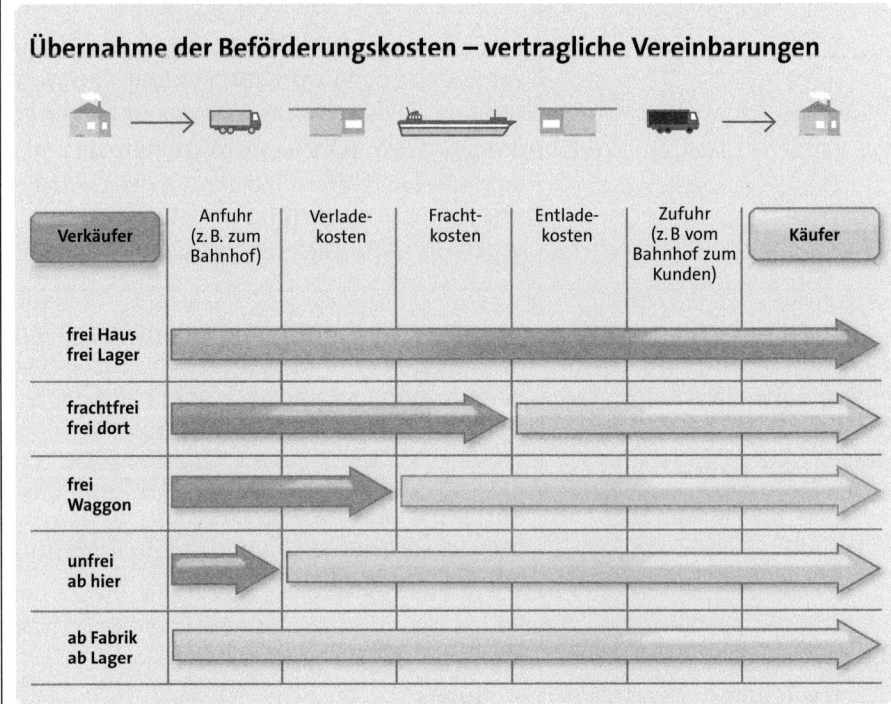
Welche Bedeutung hat die Festlegung des Gerichtsstandes beim Kaufvertrag und welche gesetzlichen Regelungen gelten hierbei für Privat- und Kaufleute?	Will der Gläubiger den Schuldner verklagen, so muss er wissen, welches Gericht zuständig ist (Gerichtsstand). Wurde im Kaufvertrag nichts anderes vereinbart, so gilt der **allgemeine Gerichtsstand.** Hierbei handelt es sich um den Wohnort bzw. den Unternehmenssitz des Schuldners. Eine Klage, die beim falschen Gericht eingereicht wird, ist unzulässig und wir zurückgewiesen. Neben dem allgemeinen Gerichtsstand gibt es **besondere Gerichtsstände,** wie z. B. bei Haustürgeschäften. Liegt ein entsprechender Anspruch vor, besteht die Möglichkeit zwischen allgemeinem und besonderem Gerichtsstand zu wählen. Um die Verbraucher zu schützen, ist es bei einem Verbrauchergeschäft aber nicht zulässig, mit dem Kaufmann einen Gerichtsstand vertraglich zu vereinbaren.
Erläutern Sie die unterschiedlichen Angebotsfristen bei Anwesenheit und Abwesenheit des Kunden.	**Angebotsfristen:** Wird einem Kaufinteressenten in dessen Anwesenheit ein Angebot unterbreitet, ist es nur für die Dauer des Gesprächs bindend. Anwesenheit bedeutet dabei, dass Kunde und Verkäufer persönlich oder telefonisch miteinander sprechen. Wird einem Kunden dagegen in dessen Abwesenheit ein Angebot unterbreitet, gilt es nur so lange, wie der Empfänger unter gewöhnlichen Umständen braucht, um es auf gleichem Wege zu beantworten. Übliche Fristen sind z. B. für Briefe sieben Tage und für Faxe sowie E-Mails zwei Tage.

Durch welche Umstände ist das Autohaus nicht mehr an sein Angebot gebunden?	Es besteht **keine Bindung** mehr an ein Angebot, wenn – das Angebot **nach Ablauf der gesetzten Frist** angenommen wurde, da die verspätete Annahme als neuer Antrag gilt; – das Angebot **abgeändert oder erweitert** wurde, da dies ebenfalls als neuer Antrag gilt; – das Angebot rechtzeitig widerrufen wurde.
Erläutern Sie den Begriff der Anpreisungen mithilfe von drei Beispielen.	Bei **Anpreisungen** fordert der Anbietende den potenziellen Kunden auf, seinerseits einen Antrag zu unterbreiten. Als Anpreisungen gelten unverlangte Preislisten, Werbeanzeigen, Proben und Schaufensterauslagen; sie richten sich an die Allgemeinheit und gelten nur als Aufforderung zum Kauf.
Bei der Zusendung unbestellter Waren, die als Angebot anzusehen ist, muss man unterscheiden, ob der Empfänger der Ware ein Kaufmann oder ein Nichtkaufmann ist. Erklären Sie diesen Sachverhalt.	Ist der Empfänger der Ware ein **Nichtkaufmann,** ist sein **Schweigen als Ablehnung** des Angebotes zu interpretieren. Er kann die Ware sogar entsorgen. Bei einem **Kaufmann** mit bereits vorhandenen geschäftlichen Kontakten zum Absender gilt **Schweigen als Annahme** des Angebotes. Im Falle einer Ablehnung muss der Kaufmann das Angebot unverzüglich ablehnen und die Ware auf Kosten des Absenders aufbewahren. In jedem Fall ist bei der Zusendung unbestellter Ware zu prüfen, ob es sich um sittenwidrige Geschäfte handelt und wettbewerbsrechtlich gegen den Versender vorgegangen werden sollte.
Können Sie einen Vertrag widerrufen, der aus einem Verbrauchsgüterkauf resultiert?	Verträge, die aus **Verbrauchsgüterkäufen** resultieren, sind in der Regel zu erfüllen. Grundsätzlich besteht somit kein allgemeines Widerrufsrecht. Allerdings gibt es Vertragsformen, bei denen dem Verbraucher ein 14-tägiges Widerrufsrecht eingeräumt wird. Dazu zählen z. B. Fernabsatzverträge, Darlehensverträge und Haustürgeschäfte. Bei einem Platzkauf gibt es kein Widerrufsrecht.
Wie kann die Bindung an ein Angebot eingeschränkt bzw. ausgeschlossen werden? Erläutern Sie drei Beispiele.	Die **Bindung an ein Angebot** kann durch sogenannte **Freizeichnungsklauseln** ganz oder teilweise ausgeschlossen werden. Gänzlich unverbindlich wird ein Angebot z. B. durch den Zusatz „Angebot freibleibend" oder „ohne Gewähr". Mit der Zusatzklausel „nur so lange der Vorrat reicht" ist nur der Preis, nicht aber die Menge verbindlich. Der Hinweis „Preis freibleibend" bindet den Anbieter umgekehrt an die Menge, nicht aber an den Preis seines Angebotes.

1.8 Angebotsvergleich

Erläutern Sie drei Bestandteile eines quantitativen Angebotsvergleichs.	Jeder Händler sollte zur Ermittlung des für ihn günstigsten Angebotes einen Angebotsvergleich machen. Dabei richtet sich die Kaufentscheidung u. a. auch nach **quantitativen Bewertungskriterien** wie – dem Listeneinkaufspreis einer Ware, – der Höhe der Preisnachlässe, – den Beförderungs- und Verpackungskosten.

| Nennen und erläutern Sie fünf qualitative Kriterien, die in einem qualitativen Angebotsvergleich enthalten sind. | **Qualitative Bewertungskriterien beim Angebotsvergleich:**
Qualität der Ware
Eine Ware ist nur verkäuflich, wenn sie den Qualitätsansprüchen der Kunden des Autohauses entspricht. Ist der Kunde von der Qualität der Ware enttäuscht, bleibt diese liegen oder wird reklamiert. Dem Händler entstehen dadurch hohe Lager- und Verwaltungskosten, außerdem kann bei häufigen Reklamationen langfristig das Image des Autohauses leiden.

Umweltverträglichkeit der Ware
Kein Unternehmen kann sich heutzutage der Verantwortung für die Umwelt verschließen. Je nach Unternehmensziel und Art der Ware erhält die Umweltverträglichkeit der zu beschaffenden Ware und deren Verpackung unterschiedliche Gewichtung. So steht bei vielen Autokäufen die Frage nach dem Benzinverbrauch an erster Stelle.

Lieferbedingungen
Die Verkaufsbereitschaft des Autohauses ist davon abhängig, ob die Ware pünktlich und mangelfrei geliefert wird. Fehlbestände führen zu Kunden- und Umsatzverlusten und damit zu Gewinneinbußen. Muss das Autohaus aufgrund der Unzuverlässigkeit des Lieferanten größere Warenbestände bevorraten oder zu früheren Zeitpunkten bestellen, um das Risiko eines Fehlverkaufs zu minimieren, führt dies zu unnötig hohen Lagerkosten.

Zahlungsbedingungen
Neben den Preisnachlässen, die im quantitativen Angebotsvergleich berücksichtigt werden, ist der Zahlungszeitpunkt wesentlich für die Kaufentscheidung. Bietet ein Lieferant ein Zahlungsziel an, kann es für den Händler vorteilhaft sein, dieses auszunutzen, um sich einen gewissen Grad an Liquidität zu erhalten.

Serviceleistungen des Lieferanten
Wichtige Entscheidungskriterien sind das kulante Verhalten eines Lieferanten in Reklamationsfällen und der gewährte Umfang der Garantieleistungen. |

1.9 Bestellung

| An welche inhaltlichen und formalen Aspekte sollten Sie sich bei einer Bestellung halten? | Mit Abgabe der Bestellung erklärt sich der Käufer bereit, die Waren zu den im Angebot vereinbarten Bedingungen abzunehmen. **Die Bestellung ist rechtlich verbindlich.**

Die Bestellung ist an keine Formvorschrift gebunden, wird jedoch zur Vermeidung späterer Schwierigkeiten meistens in schriftlicher Form aufgegeben. Bei eventuell auftretenden Rechtsproblemen dient sie dann als Nachweis bzw. als Beleg für die eigene Ablage. Die Bestellung wird in dem Augenblick wirksam, in dem sie beim Lieferer eintrifft. Soll eine aufgegebene Bestellung noch widerrufen werden, so muss dieser Widerruf vor bzw. spätestens gleichzeitig mit der Bestellung beim Lieferer eintreffen. |

Hinsichtlich der rechtlichen Wirkung einer Bestellung unterscheidet man zwischen der Bestellung als Annahme eines Antrags und der Bestellung als Antrag. Erläutern Sie die Unterschiede.	**Unterschiede bei Bestellungen als Annahme oder als Antrag:** – **Bestellung als Annahme eines Antrags:** Die Bestellung folgt in allen Punkten einem vorausgegangenen verbindlichen Angebot. Sie sollte sich auf alle dort vereinbarten Einzelheiten beziehen. In diesem Fall kommt durch die Bestellung ein Kaufvertrag zustande. – **Bestellung als Antrag:** Die Bestellung erfolgt mit abgeänderten Angebotsbedingungen, nach Ablauf der Angebotsfrist, ohne vorheriges Angebot oder auf ein unverbindliches Angebot hin. In diesen Fällen sollte die Bestellung alle üblichen Bestandteile eines Angebotes enthalten. Sie gilt als Antrag seitens des Käufers, der Verkäufer kann sie durch eine Auftragsbestätigung oder die Lieferung der bestellten Ware annehmen.
Wann kann und wann muss eine Auftragsbestätigung zum Abschluss eines Kaufvertrags erfolgen? Nennen Sie jeweils vier Fälle.	Eine Auftragsbestätigung **sollte erteilt** werden, wenn – der Lieferzeitpunkt sich verzögert, – eine mündliche oder telefonische Bestellung wiederholt werden soll, um Missverständnissen vorzubeugen, – ein Kunde erstmals bestellt, – die Bestellung sehr umfangreich ist, – der Kunde ausdrücklich eine Bestätigung wünscht. Eine Auftragsbestätigung **muss erteilt** werden, wenn – das Angebot abgeändert wurde (§ 150 [2[BGB), – das Angebot verspätet angenommen wurde (§ 150 [1] BGB), – das Angebot freibleibend war (§ 145 BGB), – der Käufer nach einem Widerruf des Angebotes bestellte.

1.10 Grundlagen des Kaufvertragsrechts

1.10.1 Rechtssubjekte und Rechtsobjekte

Nennen Sie die beiden Bereiche der Rechtsordnung der Bundesrepublik Deutschland und erläutern Sie die grundsätzlichen Regelungen in diesen Bereichen.	Die **Rechtsordnung** der Bundesrepublik Deutschland umfasst zwei große Bereiche: das öffentliche Recht und das **Privatrecht** (auch bürgerliches Recht oder Zivilrecht genannt). Das öffentliche Recht regelt die Rechtsbeziehungen zwischen **Hoheitsträgern** oder einem Hoheitsträger und **Privatrechtssubjekten**. Das Privatrecht dagegen regelt die Rechtsbeziehungen der Privatrechtssubjekte untereinander und wird vom Grundsatz der Gleichordnung der Beteiligten bestimmt.
Erklären Sie den Unterschied zwischen natürlichen und juristischen Personen und geben Sie an, wie und wann diese beiden Personengruppen Rechtsfähigkeit erlangen.	Rechtssubjekte können **natürliche** oder **juristische Personen** sein. Natürliche Personen sind alle Menschen, unabhängig von Alter und geistiger oder körperlicher Leistungsfähigkeit. Die Rechtsfähigkeit eines Menschen beginnt nach § 1 BGB mit der Vollendung der Geburt und endet mit dem Tod.

	Juristische Personen dagegen sind in besonderer Form organisierte Personenvereinigungen (z. B. Kapitalgesellschaften, Vereine, Anstalten, Körperschaften) oder Stiftungen, denen bei Erfüllung bestimmter Auflagen ebenfalls die Fähigkeit verliehen wird, Träger von Rechten und Pflichten zu sein. Juristische Personen des Privatrechts erlangen die Rechtsfähigkeit durch Gründung oder Eintragung in ein öffentliches Register (Vereins-, Handels- oder Genossenschaftsregister). Sie verlieren sie durch Auflösung oder Löschung aus diesem Register.
Welche Personengruppen sind nach dem BGB geschäftsunfähig?	**§ 104 BGB Geschäftsunfähigkeit** Geschäftsunfähig ist: 1. wer nicht das siebente Lebensjahr vollendet hat, 2. wer sich in einem die freie Willensbestimmung ausschließenden Zustand krankhafter Störung der Geistestätigkeit befindet, sofern nicht der Zustand seiner Natur nach ein vorübergehender ist.
Welche Wirkung hat die Willenserklärung von geschäftsunfähigen Personen?	Die **Willenserklärungen Geschäftsunfähiger** sind nach § 105 BGB nichtig, d. h. von vornherein ungültig. Ebenfalls nichtig sind Willenserklärungen, die im Zustand der Bewusstlosigkeit o. Ä. abgegeben werden. Für Geschäftsunfähige handelt ausschließlich der gesetzliche Vertreter.
Wann kommt ein Rechtsgeschäft durch einen Geschäftsunfähigen zustande?	Ein **Rechtsgeschäft mit einem Geschäftsunfähigen** kommt zustande, wenn der Geschäftsunfähige als Bote auftritt und nicht seine eigene, sondern die Willenserklärung eines Geschäftsfähigen überbringt.
Welche Personengruppen sind nach dem BGB beschränkt geschäftsfähig?	**§ 106 BGB Beschränkte Geschäftsfähigkeit Minderjähriger** Ein Minderjähriger, der das siebente Lebensjahr vollendet hat, ist nach Maßgabe der §§ 107 bis 113 in der Geschäftsfähigkeit beschränkt. Minderjährige ab dem 7. und bis zum 18. Lebensjahr sind beschränkt geschäftsfähig.
Unter welchen Voraussetzungen erhält ein Rechtsgeschäft von beschränkt Geschäftsfähigen Gültigkeit?	Von beschränkt Geschäftsfähigen abgeschlossene Rechtsgeschäfte erhalten nur dann Gültigkeit, wenn die gesetzlichen Vertreter (das sind in der Regel die Eltern) vorher ihre **Einwilligung** oder nachträglich ihre Genehmigung erteilen. Erfolgt dies nicht, kommt das Rechtsgeschäft nicht zustande. Bis zur **Genehmigung** oder Ablehnung ist das Rechtsgeschäft „schwebend unwirksam". Schweigt der gesetzliche Vertreter, gilt die Genehmigung als nicht erteilt und das Rechtsgeschäft ist von Anfang an nichtig.

In bestimmten Ausnahmefällen, die im Gesetz genau festgelegt sind, kann ein beschränkt Geschäftsfähiger wie ein voll Geschäftsfähiger handeln. Erläutern Sie diese.

Erlangung eines lediglich rechtlichen Vorteils

> **§ 107 BGB Einwilligung des gesetzlichen Vertreters**
>
> Der Minderjährige bedarf zu einer Willenserklärung, durch die er nicht lediglich einen rechtlichen Vorteil erlangt, der Einwilligung seines gesetzlichen Vertreters.

Taschengeldparagraf

> **§ 110 BGB Bewirken der Leistung mit eigenen Mitteln**
>
> Ein von dem Minderjährigen ohne Zustimmung des gesetzlichen Vertreters geschlossener Vertrag gilt als von Anfang an wirksam, wenn der Minderjährige die vertragsmäßige Leistung mit Mitteln bewirkt, die ihm zu diesem Zweck oder zu freier Verfügung von dem Vertreter oder mit dessen Zustimmung von einem Dritten überlassen worden sind.

Geschäfte, die ein beschränkt Geschäftsfähiger mit seinem Taschengeld begleicht, sind also rechtsgültig. Das gilt allerdings nur für Geschäfte, die sofort beglichen werden, nicht für Ratenkäufe. Über zukünftiges Taschengeld kann nicht verfügt werden.

Selbstständiger Betrieb eines Erwerbsgeschäfts

> **§ 112 BGB Selbstständiger Betrieb eines Erwerbsgeschäfts**
>
> (1) Ermächtigt der gesetzliche Vertreter mit Genehmigung des Vormundschaftsgerichts den Minderjährigen zum selbstständigen Betrieb eines Erwerbsgeschäfts, so ist der Minderjährige für solche Rechtsgeschäfte unbeschränkt geschäftsfähig, welche der Geschäftsbetrieb mit sich bringt. Ausgenommen sind Rechtsgeschäfte, zu denen der Vertreter der Genehmigung des Vormundschaftsgerichts bedarf.
>
> (2) Die Ermächtigung kann von dem Vertreter nur mit Genehmigung des Vormundschaftsgerichts zurückgenommen werden.

Dienst- oder Arbeitsverhältnis

> **§ 113 BGB Dienst- oder Arbeitsverhältnis**
>
> (1) Ermächtigt der gesetzliche Vertreter den Minderjährigen, in Dienst oder in Arbeit zu treten, so ist der Minderjährige für solche Rechtsgeschäfte unbeschränkt geschäftsfähig, welche die Eingehung oder Aufhebung eines Dienst- oder Arbeitsverhältnisses der gestatteten Art oder die Erfüllung der sich aus einem solchen Verhältnis ergebenden Verpflichtungen betreffen. Ausgenommen sind Verträge, zu denen der Vertreter der Genehmigung des Vormundschaftsgerichts bedarf. [...]

	§ 56 HGB Angestellte in Laden oder Warenlager Wer in einem Laden oder in einem öffentlichen Warenlager angestellt ist, gilt als ermächtigt zu Verkäufen oder Empfangnahmen, die in einem derartigen Laden oder Warenlager gewöhnlich geschehen.
Ab wann gilt man nach dem BGB als voll geschäftsfähig?	**Unbeschränkte (volle) Geschäftsfähigkeit** besitzen alle juristischen Personen und alle natürlichen Personen über 18 Jahre, sofern sie nicht unter Vormundschaft stehen. Mit der vollen Geschäftsfähigkeit erwerben Rechtssubjekte die Fähigkeit, sich rechtsgeschäftlich zu verpflichten oder Rechte zu erwerben.

1.10.2 Grundlagen für Rechtsgeschäfte

Wie kommen Rechtsgeschäfte zustande?	**Rechtsgeschäfte** kommen zustande durch eine Willenserklärung oder mehrere übereinstimmende Willenserklärungen.
Wie können Willenserklärungen erfolgen?	Eine **Willenserklärung** kann **mündlich, schriftlich, durch schlüssiges Handeln** (z. B. Einsteigen in die U-Bahn) oder stillschweigend (z. B. Verzicht auf die termingerechte Kündigung eines Zeitschriftenabonnements) erfolgen.
Unterscheiden Sie nicht empfangsbedürftige und empfangsbedürftige Willenserklärungen.	**Nicht empfangsbedürftige Willenserklärungen** werden mit Abgabe der Erklärung wirksam (z. B. Testamente). **Empfangsbedürftige Willenserklärungen** werden mit ihrem Zugang wirksam, unter Anwesenden sofort und unter Abwesenden nach § 130 BGB, sobald die Willenserklärung in den gewöhnlichen Empfangsbereich des Erklärungsgegners mit Möglichkeit der Kenntnisnahme gelangt, wenn nicht vorher oder gleichzeitig ein Widerruf zugeht.
Erklären Sie einseitige, zwei- und mehrseitige Rechtsgeschäfte.	**Einseitige Rechtsgeschäfte** liegen vor, wenn bereits die Willenserklärung eines Rechtssubjekts genügt, um eine bestimmte Rechtswirkung herbeizuführen. **Zwei- oder mehrseitige Rechtsgeschäfte** kommen durch zwei oder mehr miteinander übereinstimmende Willenserklärungen zustande.
Erläutern Sie den Unterschied zwischen bürgerlichen Rechtsgeschäften und Handelsgeschäften.	Nach den anzuwendenden Rechtsvorschriften kann man **bürgerliche Rechtsgeschäfte** und **Handelsgeschäfte** unterscheiden. Für bürgerliche Rechtsgeschäfte zwischen Nichtkaufleuten gelten die Vorschriften des BGB. Für Handelsgeschäfte zwischen zwei Kaufleuten (zweiseitiges Handelsgeschäft) oder zwischen einem Kaufmann und einem Nichtkaufmann (einseitiges Handelsgeschäft) finden in erster Linie die Regelungen des HGB Anwendung, ergänzend aber auch die des BGB.

Erläutern Sie im Rahmen der ertragsfreiheit die Abschlussfreiheit und nennen Sie drei Ausnahmen von diesem Grundsatz.	Die **Abschlussfreiheit** stellt es jedem frei zu entscheiden, ob und mit wem er einen Vertrag abschließen will. Nur in ganz eng begrenzten Fällen besteht für den Anbieter einer Leistung die Verpflichtung, mit jedermann einen Vertrag abzuschließen. Diese Verpflichtung wird als **Kontrahierungszwang** bezeichnet. Begründet wird diese Ausnahme vom Grundsatz der Vertragsfreiheit damit, dass der Nachfrager sonst von bestimmten Leistungen ausgeschlossen wäre. Gesetzlich vorgeschrieben ist der Kontrahierungszwang beispielsweise für die folgenden Institutionen: – Apotheken müssen vom Arzt verschriebene Medikamente an den Patienten abgeben. – Öffentliche Verkehrsbetriebe müssen jeden Passagier zum geltenden Tarif befördern. – Banken müssen ein sogenanntes Jedermann-Konto anbieten. – Deutsche Post und Deutsche Telekom müssen eine Grundversorgung im Bereich der Post- bzw. Telekommunikationsdienste sicherstellen. – Gesetzliche Krankenkassen dürfen niemandem aufgrund einer Vorerkrankung oder dergleichen eine Krankenversicherung verweigern. – Kfz-Haftpflichtversicherer können nicht grundlos Anträge auf Versicherungsschutz ablehnen.
Erklären Sie im Rahmen der Vertragsfreiheit die Grundsätze der Inhalts- und Formfreiheit.	Die **Inhaltsfreiheit** besagt, dass die Parteien den Inhalt der Verträge und die damit verbundenen Verpflichtungen frei aushandeln können, solange sie nicht die Rechtsordnung verletzen. Nach dem Grundsatz der **Formfreiheit** sind Willenserklärungen zur Herbeiführung von Rechtsgeschäften im Allgemeinen an keine besondere Form gebunden.
Erläutern Sie die drei gesetzlichen Formvorschriften und nennen Sie für jede Formvorschrift ein Beispiel.	Die **gesetzliche Schriftform**: Die Erklärung muss schriftlich abgefasst und vom Aussteller eigenhändig unterschrieben werden. So müssen z. B. Arbeits- und Ausbildungsverträge sowie Abzahlungsgeschäfte (Darlehensverträge) schriftlich festgehalten werden. **Die öffentliche Beglaubigung:** Die Erklärung wird ebenfalls schriftlich abgefasst und die eigenhändige Unterschrift von einem Notar oder einer zuständigen Behörde beglaubigt. Öffentlich beglaubigt werden müssen z. B. Anmeldungen zum Handelsregister und zum Grundbuch. Die **notarielle Beurkundung**: eine vom Notar abgefasste öffentliche Urkunde. Die notarielle Beurkundung ist die strengste Form der Festlegung vertraglicher Abmachungen. Durch die Mitwirkung des Notars haben die Beteiligten vor dem Abschluss von besonders bedeutsamen Verträgen die Möglichkeit, juristischen Rat einzuholen. Notariell beurkundet werden müssen Grundstückskaufverträge (§ 873 BGB), Verträge über Wohnungseigentum, Erbverträge, Schenkungsversprechen und Eheverträge sowie Beschlüsse der Hauptversammlung einer Aktiengesellschaft.

1.10.3 Abschluss, Gestaltung und Erfüllung von (Kauf-)Verträgen

Unterscheiden Sie jeweils zwei Kaufvertragsarten nach folgenden Kriterien:

- Stellung der Vertragspartner
- Warenart und -güte
- vereinbarte Zahlungsbedingungen
- Lieferzeit

Kaufverträge kann man nach folgenden Kriterien unterscheiden:

Kaufvertragsarten nach Stellung der Vertragspartner

Kaufvertragsart	Erläuterung	Beispiel
Bürgerlicher Kauf	Beide Vertragsparteien sind Privatpersonen.	Eine Familie verkauft auf dem Flohmarkt die Babyausstattung ihres mittlerweile zweijährigen Kindes.
Einseitiger Handelskauf/Verbrauchsgüterkauf	Eine Vertragspartei ist Kaufmann (Gewerbetreibender).	Eine Privatperson kauft im Autohaus Winterreifen.
Zweiseitiger Handelskauf	Beide Vertragsparteien sind Kaufleute.	Ein Autohaus verkauft an einen Exporteur seine „alten" Gebrauchtwagen.
Kommissionskauf	Der Verkäufer ist lediglich Besitzer der Ware, der Verkauf erfolgt in eigenem Namen gegen Provision.	Eine Familie gibt getragene Kleidung an einen Second-Hand-Laden. Nach drei Monaten erhält sie nach Verkauf der Ware den vereinbarten Kaufpreis abzüglich der Provision. Die nicht verkauften Teile bekommt sie zurück.

Kaufvertragsarten nach Warenart und -güte

Kaufvertragsart	Erläuterung	Beispiel
Kauf auf Probe	Kauf mit unbedingtem Rückgaberecht	Ein Kunde kauft einen GW. Im Kaufvertrag wird ein zweiwöchiges Rückgaberecht vereinbart. Da der Kunde davon keinen Gebrauch macht, ist der Kaufvertrag zustande gekommen.
Kauf zur Probe	Kauf einer kleinen Warenmenge als Test, um später die gewünschte Menge zu bestellen	Eine Kfz-Werkstatt sucht einen neuen Lieferanten für Lackpolitur. Sie bestellt zunächst einen 10-Liter-Kanister zur Probe und zahlt dafür 45,00 €.
Kauf nach Probe	Kauf entsprechend einem kostenlosen Musterbeispiel	Ein Autohaus will im Zuge einer Renovierungsmaßnahme seine Räumlichkeiten in einem speziellen Farbton streichen lassen. Dazu lässt es sich von einem Farbengroßhändler mehrere Proben mischen. Für die spätere Bestellung dient die entsprechende Probemischung als Muster.
Bestimmungskauf/ Spezifikationskauf	Nur Menge und Art der Ware werden beim Kauf vereinbart, genaue Details soll der Käufer innerhalb einer bestimmten Frist erklären.	Das Autohaus bestellt im Oktober 10 Cabrios für April. Da die Autos im März produziert werden, können Details (Farbe usw.) noch bis Ende Februar nachgereicht werden.
Gattungskauf	Beim Kauf wird nur die Art oder Klasse der Ware bestimmt – wenn weiterhin nichts Genaueres vereinbart ist, soll „mittlere Qualität" geliefert werden.	Das Autohaus bestellt beim Bürogroßhandel Kopierpapier (recycelt, 80 g/m²).
Stückkauf	Kauf einer klar spezifizierten Ware, die bei Verlust nicht zu ersetzen ist	Ein Kunde kauft im Autohaus einen vier Jahre alten Gebrauchten mit 18 000 km Laufleistung.
Ramschkauf/Kauf en bloc/Kauf in Bausch und Bogen	Kauf eines Warenpostens ohne Sicherung der Qualität	Nach einem kurzen Blick in die Umzugskiste kauft ein Antiquitätenbuchhändler den kompletten Inhalt für 20,00 €.

Kaufvertragsarten nach vereinbarten Zahlungsbedingungen

Kaufvertragsart	Erläuterung	Beispiel
Barkauf	Der Kaufpreis wird bei Übergabe der Ware entrichtet.	Eine Kundin kauft an der Teiletheke des Autohauses ein Paar Scheibenwischer und zahlt 15,00 € bar.
Zielkauf	Der Kaufpreis wird nach der Lieferung der Ware zu einem späteren Zeitpunkt entrichtet.	Das Autohaus hat acht Neuwagen vom Hersteller geliefert bekommen. Der Rechnungsbetrag in Höhe von 127.000,00 € ist vereinbarungsgemäß innerhalb von 90 Tagen zu begleichen.
Ratenkauf/ Abzahlungskauf	Der Kaufpreis wird in vereinbarten Raten entrichtet.	Ein Kunde finanziert sein neues Fahrzeug über die Herstellerbank und zahlt 48 Monate jeweils 299,00 € sowie eine Anzahlung von 5.400,00 €.

Kaufvertragsarten nach Lieferzeit

Kaufvertragsart	Erläuterung	Beispiel
Kauf auf Abruf	Kauf einer größeren Menge Ware, die erst auf Wunsch des Kunden in Teilmengen geliefert wird	Das Autohaus vereinbart mit seinem Hersteller eine Jahresabnahmemenge von 60 Fahrzeugen eines bestimmten Modells. Jeden Monat liefert der Hersteller fünf Stück.
Fixkauf	Lieferung bestellter Ware zu einem kalendermäßig festgelegten („fixierten") Termin	Eine Kundin bestellt als Geburtstagsgeschenk für ihre Tochter ein Cabrio, das genau am Geburtstag übergeben werden soll: „Lieferung am 16.07.20XX fix".
Terminkauf	Lieferung bestellter Ware innerhalb einer bestimmten Frist	Um noch von den Abschreibungsmöglichkeiten des aktuellen Geschäftsjahres zu profitieren, bestellt ein Unternehmer sein neues Fahrzeug mit der Klausel: „Lieferung im Dezember 20XX".

Erläutern Sie ausführlich das Wesen des Fernabsatzvertrags. Gehen Sie dabei auch auf die Vorgaben ein, die der Gesetzgeber bei dieser besonderen Vertragsart gemacht hat.

Beim **Fernabsatzvertrag** handelt es sich um eine besondere Art des Kaufvertrags zwischen einem Autohaus und einem Verbraucher, der „unter ausschließlicher Verwendung von Telekommunikationsmitteln zustande kommt". Wichtigstes Merkmal des Fernabsatzvertrags ist, dass sich die Vertragsparteien bei Vertragsabschluss nicht körperlich gegenüberstehen. Sie nutzen für den Vertragsabschluss E-Mail, SMS, Kataloge, aber auch Briefe oder Telefongespräche.

Das BGB schreibt u. a. vor, dass der Besitzer des Autohauses

- dem Verbraucher mitteilen muss, wer er ist und wo er seinen Geschäftssitz hat, damit ihn der Verbraucher notfalls auch verklagen kann;
- dem Verbraucher die Möglichkeit geben muss, die Vertragsbedingungen und die Allgemeinen Geschäftsbedingungen in wiedergabefähiger Form zu speichern;
- den Verbraucher über sein Widerrufs- und Rücktrittsrecht innerhalb von 14 Tagen aufklären muss. Die Frist beginnt mit der Bekanntgabe an den Verbraucher, bei Warenlieferungen aber frühestens mit Lieferung der Ware. Extra nach Kundenwünschen angefertigte Produkte sind von diesem Recht ausgenommen;

	– dafür sorgen muss, dass der Verbraucher vor Abgabe der Bestellung Fehler in der Bestellung erkennen und korrigieren kann.

1.10.4 Weitere Verträge des Wirtschaftslebens

Worin unterscheiden sich ein Sachdarlehensvertrag und Leihvertrag?	Bei einem **Sachdarlehensvertrag** wird die gleiche Sache zurückgegeben, bei einem **Leihvertrag** dieselbe Sache.
Worin unterscheiden sich ein Dienstvertrag und ein Werkvertrag?	Bei einem **Werkvertrag** wird der Erfolg des Werkes garantiert, bei einem **Dienstvertrag** besteht kein Anspruch des Dienstberechtigten auf Erfolg.
Ein Kunde gibt sein Fahrzeug zur Reparatur in der Autowerkstatt ab. Welche Vertragsart liegt hier vor?	Es liegt entweder ein **Kaufvertrag oder ein Werkvertrag** vor. Es handelt sich um einen Kaufvertrag, wenn der Wert der verbauten Ersatzteile größer ist als der Arbeitslohn für diesen Auftrag. Wenn der Arbeitslohn wertmäßig größer ist als der Wert der Ersatzteile, dann liegt ein Werkvertrag vor.
Wie kommt der Kaufvertrag im Autohaus für ein Neufahrzeug zustande?	**Kaufverträge im Autohaus** kommen durch zwei übereinstimmende Willenserklärungen zustande. Die erste Willenserklärung bezeichnet man als Antrag, die zweite als Annahme. Somit ist es nicht richtig zu behaupten, dass ein Neuwagenverkaufsgespräch mit der Unterschrift unter dem „Kaufvertrag" gekrönt wird. Das, was der Kunde im günstigsten Fall unterschreibt, ist die verbindliche Bestellung eines Neuwagens; juristisch gesehen handelt es sich hierbei um einen Antrag. In der Regel wird das Autohaus in Person des Neuwagenverkaufsleiters diesen Antrag annehmen. Allerdings kann es auch einmal im Interesse des Neuwagenverkaufsleiters sein, den Antrag eines Kunden auszuschlagen, z. B. wenn sich der Verkäufer beim Endpreis verrechnet hat. Die Bestellung durch den Kunden, an die dieser drei Wochen gebunden ist, muss also durch den Verkäufer – und somit durch das Autohaus – erst noch angenommen werden. Die Annahme erfolgt entweder durch ein Bestätigungsschreiben oder durch die Auslieferung des Fahrzeugs innerhalb der Bindungsfrist des Kunden. Unterlässt das Autohaus die Zusendung dieser Auftragsbestätigung, könnte der Kunde nach Ablauf der drei Wochen ohne Weiteres von seiner Bestellung Abstand nehmen.
Ein Kaufvertrag besteht aus zwei Teilen, dem Verpflichtungs- und dem Erfüllungsgeschäft. Erklären Sie beide Geschäfte.	Das **Verpflichtungsgeschäft** wird durch die Übereinstimmung der Willenserklärungen von mindestens zwei Parteien begründet. Der Verkäufer muss den Kaufgegenstand entweder an den Käufer selbst oder beim Versendungskauf an einen Frachtführer frei von Mängeln übergeben, das Eigentum übertragen sowie die Zahlung annehmen. Der Käufer muss den Kaufgegenstand abnehmen und den Kaufpreis zahlen. Die Erfüllung der im Verpflichtungsgeschäft eingegangenen Pflichten erfolgt im **Erfüllungsgeschäft** (z. B. die konkrete Lieferung und anschließende Bezahlung des Kaufgegenstands).

Worin liegt der Unterschied zwischen nichtigen und anfechtbaren Rechtsgeschäften?	Aufgrund gesetzlicher Vorschriften sind bestimmte Geschäfte von vornherein ungültig, d. h. **nichtig,** oder es besteht die Möglichkeit, Rechtsgeschäfte bei Vorliegen bestimmter Tatbestände **anzufechten,** d. h. deren Gültigkeit rückwirkend zu vernichten.
Nennen Sie fünf Gründe, die zur Nichtigkeit von Rechtsgeschäften führen.	**Gründe für die Nichtigkeit von Rechtsgeschäften:** – Verstöße gegen Formvorschriften – Verstöße gegen die guten Sitten – Gesetzesverstöße – Scheingeschäft – Geschäfte mit beschränkt Geschäftsfähigen, die nicht nach § 108 BGB innerhalb von zwei Wochen genehmigt werden – Geschäfte mit Geschäftsunfähigen – Scherzerklärung
Nennen Sie fünf Gründe, die zur Anfechtbarkeit von Rechtsgeschäften führen.	**Gründe für die Anfechtbarkeit von Rechtsgeschäften:** – Inhaltsirrtum – Erklärungsirrtum – Übermittlungsirrtum – Eigenschaftsirrtum – Arglistige Täuschung – widerrechtliche Drohung
Erläutern Sie die Anfechtungsfristen und gehen Sie dabei auch auf die Verjährung ein.	**Anfechtungsfristen und Verjährung:** Die Anfechtung wegen Irrtums muss unverzüglich, d. h. ohne schuldhaftes Zögern erfolgen, nachdem der Anfechtungsgrund bekannt wurde. Die Anfechtung wegen arglistiger Täuschung oder rechtswidriger Drohung muss binnen eines Jahres ab Kenntnis der Täuschung bzw. Wegfall der Zwangslage erfolgen. Die **Verjährungsfrist** bei der Anfechtung beträgt zehn Jahre.
Unterscheiden Sie zwischen Besitz und Eigentum. Wie erlangt man Eigentum an unbeweglichen und beweglichen Sachen?	Im Sachenrecht des BGB wird unterschieden, ob jemand die **rechtliche Herrschaft (Eigentum)** oder nur die **tatsächliche Herrschaft (Besitz)** über eine Sache ausübt. Das **Eigentum an unbeweglichen Sachen** (z. B. einem Grundstück) wird durch Einigung (Auflassung) und anschließende Eintragung in das Grundbuch übertragen. Ein solcher Vertrag bedarf der notariellen Beurkundung. Das **Eigentum an beweglichen Sachen** wird durch Übertragung verschafft, d. h. durch Einigung und Übergabe.

Wann liegt bei einem Kaufvertrag ein Eigentumsvorbehalt vor und welche Wirkung hat er?	Der § 158 BGB gibt Aufschluss über den **Eigentumsvorbehalt.** Er liegt vor, wenn ein Rechtsgeschäft unter einer aufschiebenden Bedingung vorgenommen wird. Zahlt der Käufer den vollständigen Kaufpreis, so geht das Eigentum erst zu diesem Zeitpunkt an ihn über. Wichtig dabei ist allerdings, dass dies ausdrücklich zwischen den Vertragsparteien vereinbart wurde.
Wann erlischt ein einfacher Eigentumsvorbehalt?	§ 932 BGB: Erwirbt ein gutgläubiger Dritter das Eigentum an einer Sache, so wird der Erwerber auch dann Eigentümer, wenn die Sache nicht dem Veräußerer gehört. Das Eigentum des Vorbehaltsverkäufers geht somit unter. §§ 946 ff. BGB: Das Eigentum des Vorbehaltsverkäufers geht auch unter, sofern eine Sache verarbeitet wird, sie mit einer anderen Sache verbunden wird oder sie mit einer anderen Sache vermischt wird.
Welche zwei Varianten sind beim verlängerten Eigentumsvorbehalt in der Praxis üblich?	**Verlängerter Eigentumsvorbehalt:** – **Verarbeitungsklausel:** Durch sie wird vereinbart, dass der Käufer einer Sache diese weiterverarbeiten darf. Auch wenn er dadurch das gesetzliche Eigentum erwirbt, bleibt das Eigentum beim Verkäufer. – **Vorausabtretungsklausel:** Es erfolgt eine Lieferung der Sache unter Eigentumsvorbehalt. Zwar kann der Käufer die Sache weiterverkaufen, allerdings ist er (bis zur vollständigen Zahlung des Kaufpreises) nur Besitzer und nicht Eigentümer. Der durch den Weiterverkauf entstehende Forderungsbetrag steht zunächst dem Vorbehaltsverkäufer zu (§ 398 BGB).
Welche zusätzlichen zwei Punkte fallen unter den erweiterten Eigentumsvorbehalt?	**Erweiterter Eigentumsvorbehalt:** – **Kontokorrentvorbehalt:** Bei dieser Vereinbarung geht das Eigentum nicht mit der Zahlung des Kaufpreises der Sache an den Käufer über. Vielmehr erlischt der Eigentumsvorbehalt des Verkäufers erst, sofern der Käufer alle offenen Forderungen aus der vorliegenden Geschäftsbeziehung (alle damit verbundenen Rechnungen) beglichen hat. – **Weitergeleiteter Eigentumsvorbehalt:** Hierbei handelt es sich um eine Sonderform des Eigentumsvorbehalts. Der Käufer einer Sache verpflichtete sich gegenüber dem Verkäufer, diese nur weiter zu verkaufen, sofern er auf den bestehenden Eigentumsvorbehalt hinweist. Das Eigentum geht erst dann auf den letzten Käufer über, wenn der vollständige Kaufpreis durch den ursprünglichen Käufer bezahlt wurde.

1.11 Allgemeine Geschäftsbedingungen (AGB) im Teilebereich

Was sind AGB und welche Funktion erfüllen sie?	**AGB** (Allgemeinen Geschäftsbedingungen) sind nach § 305 Abs. 1 BGB „alle für eine Vielzahl von Verträgen **vorformulierte Vertragsbedingungen,** die eine Vertragspartei (Verwender) der anderen Vertragspartei bei Abschluss eines Vertrags stellt." Sie werden dazu genutzt, das Schließen von Verträgen zu vereinfachen und somit das Abwickeln von Geschäften zu erleichtern. Diese einheitlichen Richtlinien dienen somit u. a. dem Schutz des Kunden.
Wo setzt der Gesetzgeber Grenzen bei der Formulierung von AGB?	Kommen AGB zum Einsatz, müssen sie den gesetzlichen Regelungen entsprechen. Die §§ 305 ff. BGB geben Aufschluss darüber, welche AGB verboten sind. Es kann daher nicht alles vereinbart werden. Eine entsprechende Begrenzung ist erforderlich, damit der Verwender der AGB die Rechte seiner Kunden nicht umgehen kann, um diese schlechter zu stellen. Wurden die Bedingungen eines Vertrages zwischen den Parteien individuell ausgehandelt, fällt dies nicht unter das AGB-Recht.
Hinsichtlich der Wirksamkeit von AGB hat der Gesetzgeber verschiedene Regelungen getroffen. Erläutern Sie vier dieser Regelungen.	**Regelungen durch den Gesetzgeber:** – **Individuelle Absprachen** Wurden in einem Vertrag individuelle Absprachen getroffen, so haben diese Vorrang vor den ABG. Dabei sollte aus Beweisgründen darauf geachtet werden, dass diese schriftlich vereinbart werden. Auch das Streichen einer AGB ist eine individuelle Absprache. – **Überraschende und mehrdeutige Klauseln** Der § 305c BGB bezieht sich auf überraschende und mehrdeutige AGB-Klauseln. Sie beinhalten einen Überrumpelungs- oder Übertölpelungseffekt. Hierbei handelt es sich um Umstände, die so ungewöhnlich sind, dass der Kunde nicht mit ihnen rechnen muss. Entsprechende Klauseln werden nicht Vertragsbestandteil und sind somit unwirksam. Kommt es zu Zweifeln bei der Auslegung, so geht dies zulasten des Verwenders. – **Unwirksame Klauseln** Ist in einem Vertrag eine AGB-Klausel unwirksam, so darf dies den Kunden nicht benachteiligen. In einem entsprechenden Fall wäre der Vertrag weiterhin gültig und lediglich die AGB-Klausel nicht anwendbar. An die Stelle der Klausel würden die gesetzlichen Vorschriften treten. Die §§ 308 und 309 BGB beinhalten eine Übersicht zu Klauselverboten mit und ohne Wertungsmöglichkeit. Kommen diese Klauseln in einem **Verbrauchervertrag zum Einsatz, sind sie unwirksam.** Darüber hinaus muss über die Generalklausel (§ 307 BGB) berücksichtigt werden, dass der Kunde nicht unangemessen benachteiligt wird (entgegen den Geboten von Treu und Glauben). Diese Vorschrift ist auch gegenüber einem Unternehmer anzuwenden.

2 Warenlieferungen annehmen und einlagern

2.1 Warenannahme	
Welche Kontrollen müssen Sie beim Wareneingang für das Lager in Anwesenheit des Fahrers vornehmen?	Bei der Anlieferung der Teile **(Wareneingang)** muss in Anwesenheit des Fahrers **geprüft** werden, ob – die Adresse des Empfängers stimmt, – die Anzahl der Packstücke richtig ist und – die Verpackung äußerlich unbeschädigt ist.
Welche Prüf- und Rügefristen gelten beim zweiseitigen Handelskauf und beim Verbrauchsgüterkauf?	**Zweiseitiger Handelskauf** Weil der Kaufmann bei der Prüfung der Ware offene Mängel sofort erkennen kann, ist er auch verpflichtet, diese unverzüglich dem Verkäufer mitzuteilen. Versteckte Mängel muss der Kaufmann unverzüglich nach Entdeckung rügen, jedoch spätestens innerhalb der Gewährleistungsfrist von zwei Jahren. Beim zweiseitigen Handelskauf kann der Kaufmann die Gewährleistungsfristen vertraglich auf ein Jahr begrenzen oder bei gebrauchten Sachen sogar ganz ausschließen. **Verbrauchsgüterkauf** Der Verbraucher hat sowohl bei offenen als auch bei versteckten Mängeln eine Gewährleistungsfrist von zwei Jahren, wenn es sich um neu hergestellte Waren handelt. Bei gebrauchten Waren kann sich die Frist auf ein Jahr vermindern, wenn dies in den Allgemeinen Geschäftsbedingungen festgelegt ist und diese auch Bestandteil des Vertrags geworden sind. Die Verjährung beginnt mit der Ablieferung der Ware.
Worüber gibt der Lieferschein Auskunft?	Der Lieferschein, auch Warenbegleitschein genannt, gibt **Auskunft über die gelieferten Waren,** u. a. Absender, Adressat, Paketanzahl, Artikel, Stückzahl, Lieferdatum. Preise sind in der Regel nicht enthalten.
Es gibt keine gesetzliche Vorschrift für den Lieferschein. Welchen Nutzen hat der Lieferschein sowohl für den Verkäufer als auch für den Einkäufer?	**Der Verkäufer nutzt den Lieferschein** auch als Empfangsbestätigung der Ware. **Der Einkäufer nutzt den Lieferschein** im Rahmen der sachlichen Rechnungsprüfung, indem anhand des Lieferscheins überprüft wird, ob die in Rechnung gestellte Ware auch wirklich eingetroffen ist.

2.2 Prüfung angenommener Waren	
Wie verhalten Sie sich, wenn Sie bei der Wareneingangskontrolle keine Mängel feststellen?	Zur Überprüfung der Adresse und der Anzahl der Packstücke dienen die **Paketaufkleber** und der **Lieferschein.** Werden keine Mängel festgestellt, wird die **Empfangsbestätigung** für den Lieferschein unterschrieben.

Wie verhalten Sie sich, wenn Sie bei der Wareneingangskontrolle Mängel feststellen?	Wird bei der Warenlieferung festgestellt, dass als Warenempfänger ein **anderer Empfänger eingetragen** ist, wird die Annahme der Lieferung verweigert und der Fahrer muss die Ware wieder mitnehmen. Wenn die **Anzahl der** Packstücke nicht stimmt oder die äußere Verpackung beschädigt ist, wird dies auf dem Lieferschein oder in einer speziellen Schadensmitteilung für den Lieferanten schriftlich festgehalten und vom Fahrer als Zeugen bestätigt. Legen äußere Eindrücke den Verdacht nahe, dass der **Inhalt nicht schadensfrei** ist, sollte dieses Packstück sofort geöffnet und der **Inhalt auf Beschädigung überprüft** werden. Wird hier ein Mangel, der durch Transportfehler entstanden sein kann, festgestellt, wird dieses ebenfalls auf dem Lieferschein oder einer Schadensmitteilung festgehalten. Nach der Warenannahme ist eine weitere Anwesenheit des Fahrers nicht mehr notwendig.
Was müssen Sie bei einer Qualitätskontrolle der gelieferten Ware tun?	Bei der **Qualitätskontrolle** wird geprüft, ob die gelieferte Ware der bestellten Ware in quantitativer und qualitativer Hinsicht entspricht. Beim Vergleich des Lieferscheins mit der Bestellung zeigt sich, ob die Ware in dieser Menge bestellt wurde. Sollte die Ware falsch oder mit einem Mangel geliefert worden sein, muss der Kfz-Händler dieses dem Lieferanten sofort mitteilen (Mängelrüge). Ist die Ware einwandfrei, kann sie eingelagert und erfasst werden. Die Erfassung der neu gelieferten Ware erfolgt im Warenwirtschaftssystem (WWS).

2.3 Mängelfeststellung und Maßnahmen

Der Gesetzgeber definiert verschiedene Arten von Mängeln. Erläutern Sie diese.	**Fehler in der Güte und Beschaffenheit (Qualitätsmangel)** Qualitätsmängel können durch fehlerhafte Herstellung oder unsachgemäßen Umgang mit der Sache durch den Hersteller, Spediteur oder Händler entstehen. **Fehler bei der Montage (Montagemangel)** Eine unsachgemäß durchgeführte Montage durch den Händler oder dessen Beauftragten stellt ebenfalls einen Sachmangel dar. **Fehlerhafte Montageanleitung** Wenn bei der Montage durch den Käufer Schäden an dem Kaufgegenstand entstehen, weil die Montageanleitung mangelhaft ist oder sogar fehlt, liegt ein Sachmangel vor. **Falschlieferung** Der Händler liefert eine andere als die vom Käufer bestellte Sache. **Fehlmenge (Quantitätsmangel)** Der Händler hat zu wenig oder in einer falschen Abmessung geliefert. **Abweichung von Werbeaussagen** Der Käufer muss sich auf die Aussagen in der Werbung, die Warenkennzeichnung und andere öffentliche Aussagen verlassen können. Verfügen die Waren nicht über die versprochenen Eigenschaften, sind sie mangelhaft.

Unterscheiden Sie den – offenen Mangel, – versteckten Mangel und – arglistig verschwiegenen Mangel voneinander.	**Offener Mangel** Offene Mängel sind bei der Prüfung der Ware sofort sichtbar. **Versteckter Mangel** Versteckte Mängel sind nicht sofort erkennbar, sie werden erst bei Verwendung der Sache entdeckt. **Arglistig verschwiegener Mangel** Ist dem Händler ein Mangel an der Sache bekannt und verheimlicht er diesen gegenüber dem Käufer, so spricht man von einem arglistig verschwiegenen Mangel.
Wann verjähren Mängelansprüche bei einem arglistig verschwiegenen Mangel?	Wenn der Verkäufer den Mangel **arglistig verschwiegen** hat, tritt die regelmäßige **Verjährungsfrist von drei Jahren** ein. Diese Regelung gilt sowohl für den zweiseitigen Handelskauf als auch für den Verbrauchsgüterkauf. Die regelmäßige Verjährungsfrist beginnt mit dem Schluss des Jahres, in dem der Käufer von dem Mangel an der Ware Kenntnis erlangt hat.
Erklären Sie den Unterschied zwischen einem geringfügigen und einem erheblichen Mangel.	**Geringfügiger Mangel** Der vorliegende Mangel hat auf die Verwendung der Sache keinen großen Einfluss. **Erheblicher Mangel** Der Mangel ist erheblich, wenn dadurch die Verwendung der Sache in großem Umfang eingeschränkt oder sogar unmöglich ist.
Erklären Sie, was eine Mängelrüge ist.	Liegt ein Mangel vor, der die bestellte Ware oder eine in Anspruch genommene Dienstleistung betrifft, entspricht die vereinbarte Leistung also nicht den vertraglich vereinbarten oder gesetzlichen Anforderungen, so kann dies beanstandet werden. So ist beispielsweise bei der Lieferung von Ware umgehend und gründlich zu prüfen, ob die Ware der Bestellung entspricht. Ist dies nicht der Fall, muss dies dem Lieferanten gegenüber angezeigt werden **(Mängelrüge)**. Dabei ist auf vorgegebene Fristen zu achten.
Bei einer Schlechtleistung hat der Kunde zunächst das Recht auf Nacherfüllung des Kaufvertrags. Was bedeutet das?	**Vorrangiges Recht: Recht auf Nacherfüllung** Wenn der Käufer einen Mangel an der Ware feststellt, hat er zunächst nur einen Nacherfüllungsanspruch. Dadurch soll erreicht werden, dass der ursprüngliche Vertrag eine Art „Bestandsschutz" erhält, indem der Verkäufer bei Auftreten eines Mangels die Gelegenheit erhält, diesen zu beseitigen. Dabei kann er wählen zwischen: {| **Neulieferung** | **Nachbesserung** | |---|---| | Recht auf Lieferung einer mangelfreien Ware | Recht auf Beseitigung des Mangels |}

Neulieferung	Nachbesserung
Recht auf Lieferung einer mangelfreien Ware	Recht auf Beseitigung des Mangels

	Liegt ein **Verschulden** des Verkäufers vor, so kann der Käufer neben diesen beiden Rechten auch noch Schadenersatz geltend machen. Dieser könnte z. B. im entgangenen Gewinn liegen, da der Käufer die mangelhafte Ware nicht verkaufen konnte. Fallen bei der Nacherfüllung zusätzliche Aufwendungen wie Transport-, Material- und Arbeitskosten an, so muss der Verkäufer diese ebenfalls ersetzen.
	Der Verkäufer kann in seinen Allgemeinen Geschäftsbedingungen (AGB) das Wahlrecht des Käufers zwischen Neulieferung und Nachbesserung nur einschränken, wenn es sich um einen zweiseitigen Handelskauf handelt. Beim Verbrauchsgüterkauf darf das Wahlrecht nicht zum Nachteil des Verbrauchers ausgeschlossen werden.
Wann kann der Verkäufer die gewünschte Art der Nacherfüllung ablehnen?	Der Verkäufer kann die vom Käufer gewünschte Art der **Nacherfüllung ablehnen,** wenn – die Kosten der Neulieferung/Nachbesserung unverhältnismäßig hoch sind, – die Nacherfüllung unmöglich ist.
Wann ist eine Nachfristsetzung bei der Nacherfüllung nicht erforderlich?	**Nacherfüllung nicht erforderlich:** – bei **Fix- und Zweckkauf,** – wenn ein Verkäufer die Nacherfüllung verweigert, – wenn die Nacherfüllung für den Käufer und/oder Verkäufer unzumutbar ist, z. B. wenn durch die Nacherfüllung unverhältnismäßig hohe Kosten für den Verkäufer entstehen würden oder – wenn ein arglistig verschwiegener Mangel vorliegt.
Der Käufer kann weitere Rechte geltend machen, wenn nach Ablauf einer Nachfristsetzung die Neulieferung oder zweimalige Nachbesserung nicht erfolgreich war. Erläutern Sie diese nachrangigen Rechte.	**Rücktritt vom Vertrag** Beim Rücktritt vom Vertrag ist der Käufer zur Rückgabe der Ware und der Verkäufer zur Erstattung eines eventuell gezahlten Kaufpreises verpflichtet. Der Käufer wird vom Rücktrittsrecht Gebrauch machen, wenn er an einer Erfüllung des Vertrags oder an einer Fortsetzung der Geschäftsbeziehung nicht mehr interessiert ist. Der Käufer kann das Rücktrittsrecht allerdings nur in Anspruch nehmen, wenn der Mangel erheblich ist. **Minderung des Kaufpreises** Ist die Ware nur geringfügig mangelhaft, darf der Käufer lediglich eine Herabsetzung des Kaufpreises fordern. Der geforderte Preisnachlass muss angemessen sein, das heißt, der Wert der mangelfreien Ware wird mit dem tatsächlichen Wert durch Schätzung verglichen. Die Differenz muss der Verkäufer erstatten.

Teile und Zubehör

Schadenersatz statt Leistung

Wenn der Mangel erheblich ist und den Verkäufer ein Verschulden trifft, kann der Käufer Schadenersatz statt der geschuldeten Leistung verlangen. Der Schadenersatzanspruch des Käufers ergibt sich aus der Mangelhaftigkeit der Ware selbst und aus den Mangelfolgeschäden. Falls der Käufer Schadenersatz statt Leistung verlangt, ist sein Anspruch auf die Leistung ausgeschlossen, d. h., er kann in diesem Fall nicht mehr seine vorrangigen Rechte in Form der Behebung des Schadens oder der Lieferung mangelfreier Ware verlangen. Der Käufer kann aber gleichzeitig mit Schadenersatzansprüchen auch sein Rücktrittsrecht geltend machen.

Ersatz vergeblicher Aufwendungen

Der Käufer kann auch einen Ersatz der Aufwendungen fordern, die dadurch entstanden sind, dass der Käufer auf die Warenlieferung vertraut hat. Auch den Ersatz vergeblicher Aufwendungen kann der Käufer nur bei Verschulden des Verkäufers und bei erheblichen Mängeln geltend machen.

2.4 Warenwirtschaftssystem (WWS)

Was ist unter einem Dealer-Management-System (DMS) zu verstehen?	Das **Dealer-Management-System (DMS)** ist ein informationstechnisches System, das in Autohäusern zum Einsatz kommt. Es dient zur Unterstützung und Organisation der anfallenden Geschäftsprozesse und kommt nicht nur im Ein- und Verkauf sowie der Werkstatt zum Einsatz, sondern bspw. auch in der Finanzbuchhaltung und dem Marketing. Per DMS können Bestellungen für Neuwagen, Finanzierungen oder Bewertungen von Gebrauchtwagen abgewickelt werden.
Welche Aufgaben erfüllt ein Warenwirtschaftssystem?	Anders als bei einem Dealer-Management-System richtet sich der Blick bei einem **Warenwirtschaftssystem** auf die **Warenströme.** Mithilfe des WWS lassen sich die Warenströme im Autohaus vereinfachen und wirtschaftlicher gestalten. Außerdem ermöglicht das WWS einen ständigen Überblick über die Bewegungen und Bestände. Es ist häufig Bestandteil eines DMS. Mit dem WWS werden die Bestandsbewegungen zeitnah erfasst, sodass die Mitarbeiter jederzeit wissen, wie viel von einem bestimmten Artikel bestands- und wertmäßig auf Lager ist. Die Organisation und Automatisierung der Bestellungen kann dann über Bestellvorschlaglisten laufen. Das kann z. B. den automatischen Teilenachschub betreffen.
Eine neue Lieferung mit Teilen und Zubehör ist eingegangen. Welche Schritte sind nun im Warenwirtschaftssystem erforderlich?	Nach Eingang einer neuen Lieferung sind (unter der Voraussetzung, dass kein Mangel vorliegt) die folgenden **Schritte im Warenwirtschaftssystem** erforderlich: Die neue Ware soll zeitnah im Warenwirtschaftssystem erfasst werden. Durch die eingetroffene Ware hat sich der Bestand nun erhöht. Die zeitnahe Erfassung ist wichtig, damit alle Lagermitarbeiter jederzeit wissen, wie viel von einem bestimmten Artikel bestands- und wertmäßig auf Lager ist. Bestandsbewegungen werden nun über das WWS erfasst. Anschließend erfolgt die Einlagerung entsprechend der gewählten Lagerplatzordnung und Einlagerungsprinzipien.

2.5 Einlagerung von Teilen und Zubehör

Welche wesentliche Aufgabe erfüllt die Verpackung von Waren im Lager?	Die **Verpackung** muss die Ware vor Staub und Beschädigungen schützen.
Warum ist auch für ein Autohaus das Thema Recycling wichtig?	Auch in einem Autohaus sollte das Thema Umweltschutz großgeschrieben werden. In diesem Zusammenhang ist insbesondere das Kreislaufwirtschaftsgesetz zu beachten. In diesem Gesetz geht es darum, Produkte und Stoffe so einzusetzen, dass sie nach ihrem Gebrauch wieder in den Produktionskreislauf übernommen werden können. Durch dieses **Recycling** werden die natürlichen Ressourcen geschont und Abfallberge vermindert. Mittelbar dient es somit dem Schutz von Mensch und Umwelt und der Erhaltung unseres Planeten für nachkommende Generationen. Aus Gründen des Umweltschutzes sollten auch Mehrwegverpackungen sowie recyclingfähiges Verpackungsmaterial genutzt werden. Darüber hinaus müssen laut Verpackungsverordnung (VerpackV) Hersteller und Händler Verkaufs-, Transport-, Um- und Mehrwegverpackungen zurücknehmen oder sich an einem System beteiligen, das diese Verpackungsarten einsammelt.

3 Eingangsrechnung auf Richtigkeit prüfen und Unstimmigkeiten klären

3.1 Kontrolle der Eingangsrechnung

Welche Rechnungen werden als Eingangsrechnungen bezeichnet?	Alle Rechnungen, die von Geschäftspartnern (z. B. von Lieferanten oder Handwerksbetrieben) an das Autohaus geschickt werden, sind **Eingangsrechnungen.** Sie belegen, welche Beträge die Geschäftspartner (Gläubiger) vom Autohaus erwarten.
Wie ist mit einer Eingangsrechnung zu verfahren, nachdem das Autohaus sie erhalten hat?	Eingangsrechnungen erhalten einen Eingangsstempel mit Tagesdatum (Belegdatum) und eine interne Belegnummer. Lieferantenbelege (z. B. Eingangsrechnungen) müssen mit der Lieferantennummer und Kundenbelege (z. B. Kontoauszüge mit Kundenüberweisungen) mit der Kundennummer versehen werden. Alle eingehenden Belege sollten abschließend rechnerisch und sachlich überprüft werden, z. B. indem die Eingangsrechnung mit dem Lieferschein abgeglichen wird.

3.2 Betrieblicher Zahlungsverkehr

Was ist unter einem Zahlungsziel zu verstehen und warum lohnt es sich aus kaufmännischer Sicht, es zu nutzen?	Nachdem die Ware ordnungsgemäß geliefert und vom Käufer angenommen worden ist, muss der Käufer noch fristgemäß zahlen, um den Kaufvertrag abschließend zu erfüllen. Für die pünktliche Zahlung reicht es, wenn der Käufer die Zahlung am Zahltag pünktlich losschickt. Als **Zahlungsziel** wird die Frist bezeichnet, die der Verkäufer dem Käufer für das Bezahlen der Rechnung gewährt. Aus kaufmännischer Sicht sind Zahlungsziele stets auszunutzen. Rechnungsbeträge, die vor dem eigentlichen Zahlungsziel bezahlt werden, bedeuten für das zahlende Unternehmen einen Zinsverlust, denn alternativ hätte der Rechnungsbetrag noch bei der eigenen Bank zinsbringend angelegt werden können.
Erklären Sie die SEPA-Überweisung.	Die **SEPA-Überweisung** (SEPA = Single Euro Payments Area) ist das neue Instrument für Euro-Überweisungen. Sie gilt nicht für Überweisungen in anderen Währungen. Die SEPA-Überweisung garantiert, dass eine Überweisung höchstens drei Bankarbeitstage dauert, bis der Einzahlungsbetrag dem Empfänger auf sein Konto gutgeschrieben wird. Erforderlich sind dafür ein SEPA-Überweisungsformular und die Verwendung von IBAN und BIC des Empfängers. Die Angabe der BIC ist allerdings nur noch beim Zahlungsverkehr außerhalb der EWR-Zone notwendig. Wird von einer **SEPA-Firmenlastschrift** gesprochen (SEPA Business to Business Direct Debit) so ist der Zahlungsverkehr zwischen Unternehmen gemeint. Es handelt sich also um Geschäfts- und Firmenkunden und nicht um private Endkunden.

Erläutern Sie die Unterschiede zwischen einem Dauerauftrag und dem Lastschriftverfahren.	**Dauerauftrag** Eine besondere Form der Überweisung ist der Dauerauftrag. Damit weist der Zahlende sein Kreditinstitut an, Zahlungen, die regelmäßig und in gleicher Höhe anfallen, für ihn automatisch zu tätigen. Ein Dauerauftrag eignet sich z. B. zur Zahlung von Miete und Kredit- oder Versicherungsraten. Daueraufträge können vom Auftraggeber durch Widerruf beim beauftragten Kreditinstitut gelöscht werden. **Lastschriftverfahren** Das Lastschriftverfahren eignet sich für Zahlungen, die regelmäßig, aber in unterschiedlicher Höhe anfallen, wie z. B. für Gas- oder Stromkosten und Telefongebühren.

3.3 Zahlung unter Abzug von Skonto

Die Autoland Murschall GmbH hat eine Rechnung erhalten. Auszug: – Rechnungsdatum: 10.09.20XX – Bruttorechnungsbetrag: 3.569,60 € Zahlen Sie die Eingangsrechnung a) innerhalb von 8 Tagen unter Abzug von 2 % Skonto. b) innerhalb von 30 Tagen netto Kasse. Geben Sie jeweils Zahlungsdatum und Betrag an.	a) Zahlung bis zum 18.09.20XX = 3.498,21 € b) Zahlung bis zum 10.10.20XX = 3.569,60 €
Fortsetzung: Die Autoland Murschall GmbH entscheidet sich für den Lieferantenkredit. Wann zahlt die Autoland Murschall GmbH und für wie viel Tage nimmt sie den Lieferantenkredit in Anspruch?	Zeitpunkt: 10.10.20XX Zeitraum des Lieferantenkredits: 30 Tage – 8 Tage = 22 Tage
Fortsetzung: Wie hoch ist der Jahreszinssatz für den in Anspruch genommenen Lieferantenkredit?	$2 \cdot 360/22 = 32{,}73\,\%$

Teile und Zubehör

Welche Alternative hätte die Autoland Murschall GmbH wählen können, um den teuren Lieferantenkredit zu umgehen?	Zwischenfinanzierung über einen kurzfristigen, aber günstigeren Zwischenkredit, z. B. über einen Kontokorrentkredit.
Erläutern Sie, warum sich die Zahlung unter Abzug von Skonto für das Autohaus in der Regel lohnt.	Entscheidet sich ein Autohaus für die Zahlung am 30. Tag nach Rechnungsdatum, so greift sie bei einer Zahlungsbedingung von „... zahlbar innerhalb von 30 Tagen, bei Zahlung innerhalb von 10 Tagen Abzug von 3 % Skonto ..." für 20 Tage (30 Tage – 10 Tage) auf den vom Lieferanten gewährten Lieferantenkredit zurück. Der **Lieferantenkredit** ist ein kurzfristiger Handelskredit, bei dem zwischen Käufer und Verkäufer eine Kreditbeziehung entsteht. Der Käufer erhält Waren und Dienstleistungen, ohne diese umgehend zu bezahlen, unter Stundung des Kaufpreises („auf Ziel"). Zwar wird für den Lieferantenkredit kein „offizieller Zins" gezahlt, das heißt jedoch nicht, dass dieser Kredit kostenlos gewährt wird. Dem Zins entspricht vielmehr der Skontobetrag, denn dieser Betrag wird in der Regel bei der Preiskalkulation für einen Artikel vom Lieferanten einkalkuliert. Das heißt, der eigentliche Preis, den ein Lieferant zur Deckung seiner Kosten und zur Erzielung seines kalkulierten Gewinns von seinem Kunden haben möchte, ist der Rechnungsbetrag abzüglich Skonto. Der Skontobetrag ist das Entgelt für das verlängerte Zahlungsziel, d. h. für den Lieferantenkredit. Die Jahresverzinsung für den Lieferantenkredit (= Skontobetrag) kann vereinfacht mit dem Dreisatz berechnet werden: Bedingungssatz: für 20 Tage $\triangleq$ 3 % Zinsen (Skontosatz) Fragesatz: für 360 Tage $\triangleq$ X % $$X = \frac{3\% \cdot 360}{20} = 54\%$$ **Faustformel für die Berechnung des Jahreszinssatzes:** $$\text{Jahreszinssatz} = \frac{\text{Skontosatz} \cdot 360}{(\text{Zahlungsziel} - \text{Skontofrist})}$$

4 Teile und Zubehör organisieren

4.1 Lagerung von Teilen und Zubehör

Erläutern Sie fünf Funktionen der Lagerhaltung im Autohaus.	**Sicherungsfunktion** Für den Automobilhandel ist es extrem wichtig, die Servicebereitschaft aufrechtzuerhalten und Kundennachfragen bedienen zu können. Durch Transportstörungen, Wettergegebenheiten, Streiks und plötzliche Mehrverkäufe entstehen unvorhergesehene Bedarfsschwankungen. Diese kann ein Lager ausgleichen. **Spekulationsfunktion** Preise unterliegen häufig Schwankungen. Wenn steigende Preise vorauszusehen sind, bietet es sich an, Waren in größeren Mengen einzukaufen, als dies aufgrund der aktuellen Auftragslage notwendig wäre. Dabei lassen sich als positiver Nebeneffekt auch Mengenrabatte ausnützen. **Zeitüberbrückungsfunktion** Beschaffung und Absatz lassen sich weder zeitlich noch mengenmäßig vollständig aufeinander abstimmen. Vor diesem Hintergrund dient das Lager als Puffer. **Anpassungsfunktion** Insbesondere Ersatzteile werden vom Hersteller nur in Mindestabnahmemengen verkauft. Der Autohändler passt diese beschafften Mengen nun den nachgefragten Mengen an, d. h. große Bestellmengen werden umgepackt in kleinere Verkaufseinheiten. **Überbrückung bei Absatzschwierigkeiten** Bricht der Absatz überraschend ein, kann die bestellte Ware im Lager zwischengelagert werden.
Unterscheiden Sie im Rahmen der Organisation des Lagers das Festplatzsystem und das chaotische Lagersystem.	**Festplatzsystem** So kann u. a. nach Teile-/Artikelnummern (nummerische Lagerorganisation) oder Baugruppen gelagert werden. Unter dem Begriff Baugruppe ist z. B. die komplette Bremsanlage mit allen erforderlichen Teilen einzuordnen. Um den Lagerort der Baugruppen schnell und leicht zu finden, werden in den Hauptgängen des Lagers große Buchstaben übersichtlich an den Regalen angebracht. Die Untergruppen und einzelnen Teile, die zur Baugruppe gehören, sind in den Seitengängen gelagert und durch gut leserliche Teilenummern gekennzeichnet. Dadurch hat jedes Teil einen fest zugeordneten Lagerplatz, der sich logisch aus der Teilenummer ergibt. Ein bestimmtes Teil ist also immer am gleichen Lagerort zu finden. Dies gewährleistet eine große Übersichtlichkeit und ermöglicht ein schnelles Auffinden. Meist arbeitet Fachpersonal im Lager, das über Warenkenntnisse verfügt und deshalb auch selten falsche Teile greift, selbst wenn diese falsch einsortiert sein sollten.

Teile und Zubehör

	Chaotisches Lagersystem Hier sind die Teile nicht nach logischen Gesichtspunkten gelagert. Es gibt keine festen Lagerplätze für bestimmte Teile, weil eingehende Teile mithilfe des EDV-Systems auf gerade freie Lagerplätze eingelagert werden. Somit ist ein Ordnungsprinzip nicht notwendig, da jeder Lagerplatz rechnergesteuert gespeichert wird. Das EDV-System gibt also den Lagerplatz vor und verwaltet diesen. Angelernte Kräfte können schnell eingearbeitet und eingesetzt werden. Allerdings lassen sich Teile ohne EDV-System weder einlagern noch wieder auffinden. Es besteht eine große Abhängigkeit vom EDV-System. Gleichzeitig wird die Lagerfläche aber optimal ausgenutzt, da jedem Teil ein optimaler Lagerplatz unter Berücksichtigung der Größe und der Zugriffshäufigkeit zugewiesen wird.
Welche Vorteile weist ein zentrales bzw. dezentrales Lager auf? Nennen Sie jeweils drei Vorteile.	**Das zentrale Lager weist folgende Vorteile auf:** – übersichtliche, einfache Verwaltung des gesamten Teilebestandes – bessere Bestandskontrolle – geringere Raum- und Personalkosten – geringere Mindestbestände **Das dezentrale Lager weist folgende Vorteile auf:** – kürzere Transportwege zu den Kunden – geringere Beförderungskosten – schnellere Warenausgabe
Erläutern Sie drei Lagerprinzipien.	**Geräumigkeit im Lager ist wichtig,** – damit die Übersichtlichkeit im Lager erhalten bleibt, – damit die Sauberkeit im Lager erhalten bleibt, – damit Flurförderfahrzeuge (z. B. Gabelstapler) genutzt werden können. **Übersichtlichkeit im Lager ist wichtig,** – damit die eingelagerten Teile schnell aufgefunden werden und – eine möglichst zeiteffiziente Arbeitsorganisation erfolgen kann, – weil sie eine kostengünstige Lagerhaltung ermöglicht. **Sauberkeit im Lager ist wichtig,** – damit die Qualität der Teile und der Wert der Einrichtung erhalten bleibt, – damit die Transportwege sicher bleiben, – damit die Gesundheit der Mitarbeiter nicht gefährdet wird.

Erklären Sie die Unterschiede zwischen den Einlagerungsgrundsätzen Fifo und Lifo.	**Fifo (First in – first out):** Ältere Artikel stehen vorn im Regal, sodass sie auch zuerst ausgelagert werden. Diese Methode dient insbesondere dem Schutz vor Verderb der Waren. **Lifo (Last in – first out):** Neu eingelagerte Waren werden zuerst entnommen. Dies ist möglich bei Gütern, deren Qualität sich durch Alterungsprozesse nicht verändert (z. B. Schrauben).
Was ist ein Gefahrstofflager und wofür wird es benötigt?	In einem **Gefahrstofflager** werden Gefahrstoffe gelagert. Was als Gefahrstoff einzustufen ist, ist der Gefahrstoffverordnung (GefStoffV) zu entnehmen. Die Gefahrstoffverordnung (GefStoffV) regelt das Herstellen und das Verwenden betrieblicher Gefahrstoffe. Gefahrstoffe sind giftige, sehr giftige, krebserregende, erbgutverändernde und fruchtschädigende Stoffe. Der Stoff selbst, Name und Anschrift des Herstellers bzw. Lieferanten, das passende Gefahrensymbol und eine Gefahrenbezeichnung müssen auf dem Produkt oder seiner Verpackung angegeben werden. Auf besondere Gefahren muss hingewiesen und Ratschläge zum sicheren Umgang mit diesem Gefahrstoff müssen gegeben werden.
Worauf sollte man bei der Einlagerung von Waren achten?	Abhängig von der Ware sind während der Lagerhaltung verschiedene Arbeiten notwendig, um ihren Wert zu erhalten oder noch zu steigern. Die Ware muss gepflegt werden. Generell gilt, dass das Lager sauber zu halten und die Ware regelmäßig zu reinigen ist. Schadhafte Ware muss aussortiert und abgeschrieben werden.

4.2 Sortimentspolitik

Erklären Sie den Begriff Sortiment.	Das Sortiment ist das **Angebot von Waren und Dienstleistungen** eines Autohauses.
Welche Aspekte sind bei der kundengerechten Sortimentsgestaltung zu beachten?	– Sortimentsumfang – Zielgruppe – Mitbewerber – Qualitätsanspruch
Welche sortimentspolitischen Maßnahmen werden unterschieden?	**Sortimentserweiterung** Das Sortiment vergrößert sich. **Sortimentsbereinigung** Es werden Artikel aus einem bestehenden Sortiment entfernt.

Innerhalb der Sortimentserweiterung unterscheidet man: – Sortimentsdiversifikation – Sortimentsdifferenzierung Grenzen Sie die beiden Maßnahmen voneinander ab.	**Sortimentsdiversifikation** Es werden zusätzliche Sortimentsbereiche oder Warengruppen aufgenommen. **Sortimentsdifferenzierung** Es werden in eine bestehende Warengruppe weitere Warenarten/Artikel aufgenommen.
Unterscheiden Sie Sortimentsbreite und Sortimentstiefe.	**Sortimentsbreite** Unter der Sortimentsbreite wird die Vielfalt von verschiedenen Warengruppen verstanden. Besteht das Sortiment aus vielen Warengruppen, wird dies als breites Sortiment bezeichnet. Ist das Sortiment auf wenige oder nur eine Warengruppe beschränkt, handelt es sich um ein schmales Sortiment. **Sortimentstiefe** Die Auswahl an Artikeln in den Warengruppen hinsichtlich Qualität, Preis, Größen, Modellen usw. wird Sortimentstiefe genannt. Ist die Auswahl in einer Warengruppe groß, spricht man von einem tiefen Sortiment. Beschränkt sich die Auswahl auf wenige unterschiedliche Artikel, liegt ein flaches Sortiment vor.
Erläutern Sie die Begriffe Kern-, Rand-, Saison-, Probe- und Auslaufsortiment.	**Kernsortiment** Durch das Kernsortiment erwirtschaftet ein Autohaus den größten Umsatzanteil. Die Waren des Kernsortiments werden dem Kunden das ganze Jahr über zur Verfügung gestellt. Es sind solche Produkte, die ein Kunde erwartet, wenn er ein Autohaus betritt. **Randsortiment** Das Randsortiment stellt eine Ergänzung des Kernsortiments mit branchenfremden Waren dar. Sie werden vom Kunden seltener verlangt und stehen meist in keinem direkten Zusammenhang mit Produkten aus dem Autohaus. **Saisonsortiment** Im Saisonsortiment werden Waren nur zu bestimmten Saisonzeiten angeboten. Je nach Jahreszeit bietet das Autohaus dann zusätzliche Artikel an. **Probesortiment** Waren, die in das bestehende Sortiment eines Autohauses neu eingeführt werden. **Auslaufsortiment** Warenbestände, die nach dem Verkauf der Restbestände nicht mehr angeboten werden.

Erläutern Sie die Merkmale eines Markenartikels.	**Merkmale des Markenartikels** (Herstellermarke) – hoher Bekanntheitsgrad – Markenname – Logo/Markenzeichen – gleichbleibende Qualität – gleiches Design – gleiche Mengenabpackung
Unterscheiden Sie Impuls- und Suchartikel.	**Impulsartikel** Der Verbraucher plant seinen Einkauf nicht, sondern der Kauf erfolgt spontan. **Suchartikel** Der Kunde kauft diese Artikel geplant.

5 Liefertermine überwachen und kommunizieren und Maßnahmen bei Lieferverzug einleiten

5.1 Terminüberwachung	
Warum sollten Sie Termine überwachen und welche Hilfsmittel stehen Ihnen zur Verfügung?	Im Rahmen des Lieferprozesses sollte eine **Terminüberwachung** erfolgen. Sie ist wichtig, damit das Autohaus stets in der Lage ist, den eigenen Verpflichtungen (Bestellungen) nachzukommen und die Zufriedenheit der Kunden zu erhalten. Grundsätzlich sollten Termine immer schriftlich festgehalten werden. Als Hilfsmittel können neben den klassischen Monats-, Wochen- oder Tageskalendern (in Papierform) auch elektronische Terminkalender bzw. Terminplaner genutzt werden.

5.2 Nicht-rechtzeitig-Lieferung	
Erläutern Sie die grundsätzlichen Voraussetzungen des Lieferungsverzugs.	**Voraussetzungen des Lieferungsverzugs:** – Es muss ein gültiger Kaufvertrag bestehen. – Der Lieferant hat trotz Fälligkeit der Lieferung bisher nicht geliefert. Ist im Kaufvertrag keine Angabe zum Lieferzeitpunkt gemacht worden, ist die Lieferung sofort nach Abschluss des Vertrags fällig. Ansonsten ist die Lieferung zum angegebenen Lieferzeitpunkt fällig. – **Der Käufer hat die Lieferung angemahnt.** Mit einer Mahnung fordert der Käufer den Lieferanten zur Lieferung auf. Es muss nach Eintritt der Fälligkeit gemahnt werden. Die Mahnung unterliegt keinen Formvorschriften, jede dringende Aufforderung zur Lieferung gilt als Mahnung. Aus späteren Beweisgründen empfiehlt es sich aber, eine Mahnung schriftlich an den Lieferanten zu senden, denn erst mit Zugang der Mahnung gerät der Lieferant in Verzug, wenn der Liefertermin im Kaufvertrag unbestimmt ist. – **Der Lieferant hat den Lieferungsverzug zu verschulden.** Die Voraussetzung Verschulden spielt dann eine Rolle, wenn der Händler Schadenersatz geltend machen möchte. Für alle anderen Rechte ist das Verschulden des Lieferanten unerheblich. Verschulden bedeutet, dass der Lieferant die verspätete Lieferung zu verantworten hat, da er fahrlässig oder sogar vorsätzlich gehandelt hat. **Fahrlässig** handelt ein Lieferant dann, wenn er es an der nötigen Sorgfalt mangeln lässt. **Vorsätzlich** handelt ein Lieferant, wenn er mit Absicht nicht rechtzeitig liefert. Sollte eine Lieferung aufgrund **höherer Gewalt** nicht rechtzeitig ankommen, liegt kein Verschulden vor, da der Lieferant diese nicht zu verantworten hat.

In welchen Fällen kann auf eine Mahnung als Voraussetzung des Lieferungsverzugs verzichtet werden?	Ist der Liefertermin im Kaufvertrag kalendermäßig bestimmt bzw. bestimmbar, etwa indem die Lieferung ab einem bestimmten Ereignis nach dem Kalender zu berechnen ist, so ist eine Mahnung überflüssig, d. h. entbehrlich. Eine Mahnung ist auch dann entbehrlich, wenn der Lieferant bereits mitgeteilt hat, dass er nicht liefern wird. Dies wird **Selbstinverzugsetzen** genannt. Auch aus besonderen Gründen kann auf eine Mahnung verzichtet werden (Interessenswegfall, Zweckkauf, Eilbedürftigkeit).
Ein Käufer ist weiterhin an der Lieferung interessiert. Welche Rechte sollte er dann bei einem Lieferungsverzug in Anspruch nehmen?	**Lieferung verlangen** Der Käufer hat das Recht, weiterhin auf Lieferung der Ware und somit auf Erfüllung des Kaufvertrags zu bestehen. Dieses Recht hat er unabhängig davon, ob der Lieferant den Lieferungsverzug zu verantworten hat oder nicht (verschuldensunabhängiges Recht). **Schadenersatz für verspätete Lieferung verlangen** Neben der Lieferung kann der Käufer aber auch noch Schadenersatz wegen Verzögerung der Leistung verlangen. Zwingende Voraussetzung ist aber das Verschulden des Lieferanten. Den Schadenersatz für die verspätete Lieferung kann der Käufer allerdings nicht pauschal geltend machen. Er muss vielmehr beweisen, dass ihm tatsächlich aufgrund der verspäteten Lieferung ein Schaden entstanden ist.
Ein Käufer ist nicht mehr an der Lieferung interessiert. Welche Reche sollte er dann bei einem Lieferungsverzug in Anspruch nehmen und welche Voraussetzungen müssen dann zusätzlich beachtet werden?	**Rücktritt vom Kaufvertrag** Nach dem erfolglosen Verstreichen einer angemessenen Nachfrist kann der Käufer vom Kaufvertrag zurücktreten. Die angemessene Nachfrist kann selbstverständlich zusammen mit der Mahnung bei Fälligkeit der Lieferung gesetzt werden. So hält sich der Käufer direkt von Anfang an alle möglichen Rechte offen, ohne eventuell wichtige Zeit durch eine später gesetzte Nachfrist zu verlieren. Dieses Recht kann er auch geltend machen, wenn der Lieferant den Lieferungsverzug nicht zu verantworten hat, z. B. auch bei höherer Gewalt. **Schadenersatz statt der Leistung** Neben dem Rücktrittsrecht kann der Käufer noch zusätzlich Schadenersatz statt der Leistung verlangen. Voraussetzung hierfür ist aber neben dem erfolglosen Setzen einer angemessenen Nachfrist das Verschulden des Lieferanten. Natürlich muss der Käufer auch hier wiederum seinen entstandenen Schaden aufgrund verspäteter Lieferung belegen, z. B. bei einem **Deckungskauf**. **Ersatz vergeblicher Aufwendungen** Der Käufer kann bei Rücktritt vom Kaufvertrag anstelle des Schadenersatzes auch den Ersatz vergeblicher Aufwendungen beim Lieferanten geltend machen.
Worin besteht der Unterschied zwischen dem Recht auf Schadenersatz und dem Recht auf Ersatz vergeblicher Aufwendungen?	**Vergebliche Aufwendungen** sind Ausgaben, die dem Käufer bereits entstanden sind, bevor es zum Lieferungsverzug gekommen ist. Ein Schaden hingegen entsteht erst durch den Lieferungsverzug selbst.

Wann kann beim Lieferungsverzug auf das Setzen einer Nachfrist verzichtet werden?	**Die Nachfrist beim Lieferungsverzug** ist entbehrlich bzw. überflüssig, – wenn ein Fixkauf vorliegt, – wenn der Lieferant sich weigert zu liefern, – wenn besondere Gründe vorliegen, wie z. B. Interessenwegfall.
Erklären Sie den Unterschied zwischen einem konkreten und einem abstrakten Schaden bei der Ermittlung der Schadenshöhe beim Schadenersatz.	**Konkreter Schaden** Konkrete Schäden können durch Rechnungen, Quittungen oder andere Belege genau nachgewiesen werden. **Abstrakter Schaden** Abstrakte Schäden können nie genau nachgewiesen werden, sondern können immer nur geschätzt werden.

6 Material einem Auftrag zuordnen und ausgeben

6.1 Warenausgabe

Erläutern Sie den Begriff der Kommissionierung. Gehen Sie auch auf die verschiedenen Arten der Kommissionierung ein.	Kommissionierung bedeutet die **Zusammenstellung von Waren entsprechend eines Kundenauftrages**/Werkstattauftrages. Dies kann entweder manuell oder automatisch vorgenommen werden. Bei der **manuellen Kommissionierung** lassen sich zwei verschiedene Kommissionierungssysteme unterscheiden, nämlich die serielle und die parallele Kommissionierung. Bei der **seriellen Kommissionierung** bearbeitet ein Lagerarbeiter einen Kundenauftrag alleine. Er folgt dabei den einzelnen Posten des Auftrags und durchläuft dabei möglicherweise das komplette Lager. Damit Um- und Mehrfachwege des Kommissionierers vermieden werden, müssen die einzelnen Posten auf dem Auftrag entsprechend der Warenverteilung im Lager sortiert sein. Bei der **parallelen Kommissionierung** arbeiten mehrere Kommissionierer an demselben Auftrag, wobei jeder von ihnen die Auftragsposten eines festgelegten Lagerbereichs zusammenpackt.

6.2 Warenrücknahme

Was müssen Sie bei der Warenrücknahme beachten?	Hat ein Kunde Ware gekauft, so besitzt er kein gesetzlich festgelegtes Recht auf **Warenrücknahme**. Gesteht der Händler seinen Kunden ein zeitlich begrenztes Rückgaberecht zu (z. B. 14 Tage), dann ist dies der **Kulanz** des Händlers zuzuschreiben. Außerdem greift dies nur, wenn der Kunde die Ware zurückgeben will, da sie ihm beispielsweise nicht mehr gefällt, die Ware aber ansonsten einwandfrei ist. Liegt ein Defekt vor, so greift die **Gewährleistung** im Rahmen des BGB. Darüber hinaus gibt es **gesetzliche Rücknahmeverpflichtungen, die den Umweltschutz unterstützen.** Dazu zählen die Altfahrzeugverordnung, die Altölverordnung, das Batteriegesetz sowie das Elektro- und Elektronikgerätegesetz. Alle diese Gesetze beinhalten im Prinzip eine Rücknahmeverpflichtung seitens der Hersteller, die über die Händler abgewickelt wird. Das bedeutet, dass ein Kunde immer dann, wenn er ein neues Produkt kauft, das alte Produkt bei diesem Händler abgeben kann oder der Händler den Kunden an eine Annahmestelle in zumutbarer Entfernung verweisen darf.

7 Kundenwünsche ermitteln, Kunden beraten, Teile und Zubehör verkaufen und Rechnungen erstellen

7.1 Grundlagen des Verkaufs

Nennen und erläutern Sie die Anforderungen, die heute an das Personal im Autohaus gestellt werden.	**Anforderungen an das Personal im Autohaus:** – **Warenkunde:** Der Verkäufer verfügt über branchenspezifische Warenkenntnisse hinsichtlich Handhabung der Ware, Pflege, Haltbarkeit, Ergänzungsartikeln. – **Verkaufstechnik:** Der Verkäufer überzeugt den Kunden mithilfe von Verkaufsargumenten, die die Vorteile der angebotenen Ware belegen. – **Soziale Fähigkeiten:** Der Verkäufer verfügt über Einfühlungsvermögen und kommuniziert z. B. mithilfe des aktiven Zuhörens professionell. – **Äußere Erscheinung:** Der Verkäufer tritt den Kunden gepflegt und in angemessener Kleidung gegenüber, um die Seriosität des Unternehmens und die Hochwertigkeit der Ware zu unterstreichen.
Schildern Sie, was unter Kundenorientierung zu verstehen ist.	**Kundenorientierung** bedeutet, dass das gesamte Handeln und Denken eines Unternehmens sich an den **Wünschen, Bedürfnissen und Problemen des Kunden** vor, während und nach dem Kauf orientiert.

7.2 Verbale Kommunikation

Nennen und erläutern Sie die vier Ebenen einer Botschaft nach dem Kommunikationsmodell nach Schulz von Thun.	– **Sachebene:** die Information über die Sache steht im Zentrum. – **Selbstoffenbarung:** Der Sender gibt mit seiner Botschaft Informationen über sich selbst preis. – **Beziehungsebene:** Durch Tonfall oder eine bestimmte Formulierung seiner Botschaft gibt der Sender zu erkennen, wie er zu dem Empfänger steht und was er von ihm hält. – **Appellebene:** Der Sender richtet indirekt einen Appell an den Empfänger, um ihn zu beeinflussen (z. B. Rat, Handlungsanweisung).
Wie kann es zwischen dem Sender und dem Empfänger zu einer Kommunikationsstörung nach Schulz von Thun kommen kommen?	Es kann zu einer **Kommunikationsstörung** kommen, wenn die Gesprächsebenen, z. B. Sachebene und Beziehungsebene, einander nicht unterstützen. Der Sender möchte eine Information weitergeben (Sachebene). Aufgrund seiner Formulierung hört der Empfänger aber die Botschaft auf der Beziehungsebene und fühlt sich ggf. angegriffen.
Nennen Sie vier Grundfehler des Sprechens (Gesprächsstörer), die ein Verkäufer im Verkaufsgespräch machen kann.	**Grundfehler des Sprechens (= Gesprächsstörer)** Der Sprecher – spricht undeutlich und/oder zu leise, – benutzt zu viele Fachbegriffe, – macht zu wenig Pausen, – spricht in langen Sätzen,

	− spricht viel zu schnell, − benutzt Killerphrasen, − versucht zu überreden.
Nennen Sie die fünf Gesprächsförderer in einem Verkaufsgespräch.	**Gesprächsförderer** sind: − Betonung − Pausen − Fachbegriffe sparsam einsetzen und ggf. erklären − Lautstärke/Aussprache − kurze, prägnant formulierte Sätze
Was bedeutet für Sie aktives Zuhören im Verkaufsgespräch?	**Aktives Zuhören** Zuhören bedeutet für den Verkäufer eine aktive Tätigkeit. Schauen Sie Ihren Kunden während des Verkaufsgesprächs an. Sie benötigen den Blickkontakt, um dem Kunden Ihr Interesse zu signalisieren. Durch die Körpersprache (Kopfnicken, Lächeln) Ihres Kunden erfahren Sie, ob die Beratung für ihn positiv verläuft. Fassen Sie anschließend das Gehörte zusammen. So können Sie erste Kommunikationsstörungen vermeiden.

7.3 Nonverbale Kommunikation

Welchen Einfluss haben die Gestik und die Mimik des Verkäufers auf ein erfolgreiches Verkaufsgespräch?	**Gestik** Für die Wirkung der Gestik ist ausschlaggebend, in welcher **Höhe** sich die Hände befinden. Alle Gesten, die sich unterhalb der Taille abspielen, werden als negativ gewertet, Gesten in Höhe der Taille werden als neutral und oberhalb der Taille als positiv gewertet. Nebenbei ist die **Sichtbarkeit** der Hände ein wichtiges Merkmal. Verdeckte Hände – in den Hosentaschen oder hinter dem Rücken – werden immer als Ablehnung empfunden. Sind die Hände zu sehen, so ist es wichtig, wiederholt **zeigende und öffnende Gesten** einzusetzen. Vor der Brust verschränkte Arme oder Zeigen des Handrückens anstatt der Handfläche erscheinen als Abwehrhaltung, Schulterzucken zeigt Ablehnung und Gleichgültigkeit. **Mimik** Ein **Lächeln** wirkt Wunder – das gilt natürlich besonders in Verkaufssituationen. Bemerkenswert ist dabei, dass unsere Mimik auch uns selbst beeinflusst. Wer viel lacht, hat also nicht nur eine positive Wirkung auf seine Umgebung, sondern auch die Chance, sich selbst besser zu fühlen als jemand, der mit trübem Gesicht durch den Tag geht. Denn das Lächeln wird oft vom Gegenüber erwidert und wirkt deshalb auf uns selbst zurück. Die Mimik spiegelt Stimmungen und Gedanken wider. Ein Dauergrinsen kommt bei Ihrem Gegenüber als gekünstelt und falsch an. Der Kunde wird Ihnen nicht glauben. Ein warmes Lächeln, das ernst gemeint ist, weckt dagegen das Vertrauen des Kunden. Versuchen Sie bei Nervosität, bei schlechter Laune oder gar Angst, an etwas Positives zu denken, an etwas, das Sie spontan zum Lächeln veranlasst.

	Tonfall	
	Durch den Tonfall macht der Verkäufer klar, um welchen Aspekt es ihm besonders geht. Hierbei besteht natürlich die Gefahr, dass er sich im Tonfall vergreifen kann oder seine Gestik nicht mit der Aussage übereinstimmt. Dann kommt die Botschaft anders als beabsichtigt an. Das Gespräch verläuft dann für beide Seiten (Kunden und Verkäufer) nicht zufriedenstellend.	
Nennen und erläutern Sie die drei Distanzzonen für die Gesprächsführung.	**Vertrauliche Distanzzone** Vor und hinter einer Person gilt ein Abstand von unter 50 cm als vertraulich, an der Seite ist der Abstand etwas kleiner. In diese Zone dürfen andere Personen nur mit ausdrücklicher Erlaubnis vordringen. **Persönliche Distanzzone** Die persönliche Distanzzone beginnt bei der vertraulichen Zone und reicht etwa 1 bis 1,5 m nach vorne und hinten. Seitlich ist der Abstand auch hier etwas geringer. In dieser Zone führen wir Gespräche, ohne uns belästigt zu fühlen. **Öffentliche Distanzzone** Von der Grenze der persönlichen Distanzzone bis zu einem Abstand von ca. drei Metern nach vorne und hinten reicht die öffentliche Distanzzone. In diesem Bereich nehmen wir andere Personen wahr.	

7.4 Phasen des Verkaufsgesprächs

7.4.1 Begrüßung

Was ist bei der Begrüßung des Kunden zu beachten?	Die **Begrüßung** und die Kontaktaufnahme mit dem Kunden sind für den weiteren Verlauf des Verkaufsgespräches von entscheidender Bedeutung. Nehmen Sie Ihren Kunden zur Kenntnis, d. h., nehmen Sie bewusst Blickkontakt mit Ihrem Kunden auf! Damit signalisieren Sie dem Kunden, dass Sie ihn „willkommen heißen" und ihn gerne beraten. Die Ansprache des Kunden erfolgt mit freundlicher und dynamischer Stimme. Falls Sie gerade ein anderes Verkaufsgespräch führen, lassen Sie den neuen Kunden nicht unbeachtet. Nicken Sie ihm zu oder bitten ihn um etwas Geduld. Zeigen Sie ihm, dass Sie ihn wahrgenommen haben.

7.4.2 Bedarfsermittlung

Welches Ziel verfolgt der Verkäufer in der Phase der Bedarfsermittlung im Rahmen eines Verkaufsgesprächs?	Das Ziel in dieser Verkaufsphase besteht darin, mithilfe angemessener Frageformen herauszufinden, was der Kunde wirklich möchte. Durch eine gute **Bedarfsermittlung** wecken Sie schnell und effizient das Kaufinteresse des Kunden. Dies ist der erste Schritt, um ein Verkaufsgespräch erfolgreich abschließen zu können.

Unterscheiden Sie offene und geschlossene Fragen.	**Offene Fragen (= „W-Fragen", Informationsfragen)** Durch gezielte und geschickte Frageformulierungen erhalten Sie Informationen zum Kaufwunsch des Kunden und zu dessen Vorstellung von der zu kaufenden Ware. Zu Beginn des Verkaufsgesprächs ist es deshalb sinnvoll, eine offene Frage zu stellen. Dadurch fordern Sie den Kunden auf, sich ausführlich zu der von ihm gewünschten Ware zu äußern. **Geschlossene Fragen (Kontrollfragen)** Erwarten Sie seitens des Kunden eine kurze und knappe Antwort, dann stellen Sie dem Kunden zur Bedarfsermittlung eine geschlossene Frage. Durch geschlossene Fragen geben Sie dem Kunden eine gedankliche Vorgabe. Die geschlossene Fragestellung hat das Ziel, die Antwort einzuengen. Sie erspart dem Kunden häufig das mühevolle Formulieren seines Einkaufswunsches. Hierbei hat der Kunde die Möglichkeit, mit „Ja" oder „Nein" zu antworten.
Nennen Sie drei weitere Fragearten, die neben den offenen und geschlossen Fragen im Verkaufsgespräch noch eingesetzt werden. Geben Sie jeweils eine Besonderheit zu dieser Frageart an.	**Alternativfrage:** Der Verkäufer stellt zwei Alternativen zur Wahl, der Kunde soll sich zwischen diesen Alternativen entscheiden. **Suggestivfrage:** Der Verkäufer versucht mit der Suggestivfrage Einfluss auf den Kunden zu nehmen und diesen zu steuern. **Rhetorische Frage:** Der Verkäufer erwartet auf diese Frage keine Antwort, es handelt sich hierbei eher um eine versteckte Aufforderung als um eine Frage.
Unterscheiden Sie objektive und subjektive Kaufmotive und geben Sie für jede Motivart jeweils drei Beispiele.	**Objektive Kaufmotive (rationale Kaufmotive)** Die objektiven Kaufmotive werden vom Verstand gelenkt. Häufige Kaufmotive können sein: – Notwendigkeit (Kauf von Nahrungsmitteln) – Geldersparnis (Kauf von Sonderangeboten) – Gesundheit (Kauf von ökologischen Lebensmitteln) – Umweltbewusstsein (Kauf einer BahnCard) – Bequemlichkeit (Kauf von Fertigmenüs) **Subjektive Kaufmotive (emotionale Kaufmotive)** Die subjektiven Kaufmotive werden vom Gefühl gelenkt. Häufige Kaufmotive können sein: – Prestige/Anerkennung (Kauf eines Sportwagens) – Erlebnis (Buchung eines Abenteuerurlaubs) – Sicherheit (Kauf eines Motorrades mit ABS) – Schönheit (Kauf von Kosmetik) – Spieltrieb (Kauf von Videospielen) – Fahrspaß (Kauf eines Cabrios)

Teile und Zubehör

7.4.3 Warenvorlage

Beschreiben und begründen Sie, wann und wie viele Artikel Sie dem Kunden bei der Warenvorlage vorlegen.	**Der richtige Zeitpunkt ist wichtig.** Der Zeitpunkt der Warenvorlage ist stark abhängig von der Bedarfsermittlung. Unter Umständen wird in dem erläuternden Testangebot Ware auch dann schon vorgelegt, wenn der Kaufwunsch noch gar nicht vollständig ermittelt ist. Als Faustregel kann gelten: Je eher desto besser, aber auch wiederum nicht so früh, dass der Kunde sich überfallen fühlen könnte. **Der Kunde will und soll wählen können.** Dabei erwartet der Kunde schon eine wirkliche Auswahlmöglichkeit. Deshalb werden Sie als versierter Verkäufer dem Kunden in der Regel ein Produkt der mittleren Preisklasse vorlegen, denn dann haben Sie die Möglichkeit, je nach Kundenreaktion sowohl günstigere, aber auch hochwertigere Angebote zu machen. Nicht mehr benötigte Artikel sollten Sie dann auch sofort zur Seite legen und wenn möglich gleich wieder einräumen, um den Kunden nicht zu sehr zu verwirren. Die Zahl von etwa drei Artikeln wird in der Regel als günstig angesehen, um zu einem Verkaufsabschluss zu kommen.

7.4.4 Verkaufsargumentation

Erläutern Sie den Aufbau einer erfolgreichen Verkaufsargumentation.	**Der Aufbau einer Argumentation erfolgt in drei Schritten:**
	
	1. Schritt: Behauptung/Produktmerkmale nennen
	     (warenbezogene Aussage)
	
	Die Argumentationsphase eines Beratungsgesprächs beginnt mit einer Aussage über die Produkteigenschaften der vorgelegten Ware. Die Eigenschaften werden als Produktmerkmale bezeichnet. Produktmerkmale beziehen sich z. B. auf das Material, die Zusammensetzung, die Verarbeitung oder auf technische Daten einer Ware. Wählen Sie zu Beginn ein Produktmerkmal aus, das wesentlich zur Erfüllung des Kundenanspruchs beitragen kann.
	
	2. Schritt: Begründung/Produktvorteile beschreiben
	     (verwendungsbezogene Aussage)
	
	Ob das Produkt über dieses oder jenes Merkmal verfügt, ist für den Kunden nur dann von Bedeutung, wenn er weiß, welche Vorteile damit verbunden sind. Nennen Sie Vorteile, aus denen der Kunde erkennt, wozu er das von Ihnen empfohlene Produkt verwenden kann. Jedes Produkt verfügt über eine Vielzahl von Vorteilen. Bei einer schematischen Auflistung aller Produktvorteile würde der Kunde abschalten. Nennen Sie nur die Vorteile, die für die Lösung des individuellen Kundenproblems von Interesse sind.

	3. Schritt: Schlussfolgerung/Kundennutzen ableiten (kundenbezogene Aussage)
	Es kommt zu einem Kaufabschluss, wenn der Kunde überzeugt ist, dass das vorgelegte Produkt für ihn einen persönlichen Nutzen hat. Stellen Sie konkret den Nutzen der empfohlenen Ware für den Kunden heraus. Greifen Sie den Kundenwunsch in der Formulierung wieder auf, damit für den Kunden sichtbar wird, dass Sie sich mit seinen Problemen befasst haben.
Erläutern Sie drei Grundregeln bei der Formulierung von Verkaufsargumenten.	**Argumentieren Sie positiv.** Positive Informationen lösen beim Kunden angenehme Empfindungen aus und fördern seine Kauflust. Umgekehrt führen negative Aussagen zu kaufhemmenden Gefühlen. **Argumentieren Sie fachkundig und verständlich.** Eine ehrliche und fachkundige Beratung gibt dem Kunden Entscheidungshilfen und trägt dazu bei, das Vertrauen des Kunden zu gewinnen. Wenn jedoch Verkäufer versuchen, Kunden mit einer Ansammlung von Fachbegriffen zu beeindrucken, wirkt das überheblich. Formulierungen, die jeder Nichtfachkundige verstehen kann, regen die Kunden dagegen zur aktiven Beteiligung am Gespräch an. In diesem Fall haben die Kunden viel mehr das Gefühl, eine eigene Entscheidung treffen zu können und nicht überrumpelt zu werden. **Argumentieren Sie glaubwürdig.** Die Wortwahl hat bei der Argumentation einen erheblichen Einfluss auf die Vertrauensbildung beim Kunden. Während überspitzte Superlative wie zum Beispiel „extraklasse", „super" oder „top" unsolide, phrasenhaft und unglaubwürdig wirken, überzeugen sachlich vorgebrachte Argumente nachhaltig. Noch mehr Nachdruck und Glaubwürdigkeit werden erreicht durch das Zitieren von Meinungen, Zahlen, Statistiken oder Testergebnissen. **Argumentieren Sie anschaulich.** Anschauliche und prägnante Begriffe bewirken beim Kunden bildhafte Vorstellungen und prägen sich besser ein. Sie helfen dem Kunden bei seiner Kaufentscheidung, während nichtssagende allgemeine Formulierungen wie „gut", „schön", „nett" oder „hübsch" keinen persönlichen Nutzen für den Kunden erkennbar machen. **Argumentieren Sie persönlich.** Die über eine ausschließlich sachliche Argumentation hinausgehende persönliche Ansprache des Kunden im Sie-Stil stellt eine unmittelbare Verbindung zwischen dem Kunden und der Ware her. Wählen Sie immer eine persönliche Ansprache für die Nutzenargumentation.

7.4.5 Kundeneinwände

Nennen Sie die Arten der Kundeneinwände.	Äußert der Kunde konkrete Kritik, z. B. an einem bestimmten Merkmal der Ware, kann dies für Sie bei der Fortführung des Verkaufsgespräches sehr nützlich sein. Je genauer Sie wissen, was Ihrem Kunden nicht gefällt, desto besser können Sie ihn beraten. Solche konkreten **Kundeneinwände** werden als **echte Einwände** bezeichnet und können sich gegen folgende Aspekte richten: – Eigenschaften der Ware – Preis – Geschäft – Personal
Erläutern Sie die Grundregeln der Behandlung von Kundeneinwänden.	**Grundregeln bei der Einwandbehandlung** Wenn der Kunde einen Einwand vorbringt, so sollten Sie vor allem ruhig und sachlich bleiben. Zeigen Sie nicht durch Ihre Mimik und Gestik, dass Sie diesen Einwand eventuell völlig abwegig und unberechtigt finden. Hören Sie aufmerksam und interessiert den Ausführungen des Kunden zu und bleiben Sie dabei stets freundlich. Oft ist es sehr hilfreich, wenn Sie dem Kunden eine Gegenfrage stellen, um selbst Zeit für eine entsprechende Antwort zu finden. Der Kunde hat so dann auch eher das Gefühl, dass sein Einwand von Ihnen ernst genommen wird. Versetzen Sie sich bei Ihrer Antwort in die Lage des Kunden, identifizieren Sie sich mit den angesprochenen Problemen des Kunden und antworten Sie dann knapp und präzise.

7.4.6 Preisnennung

Beschreiben Sie drei Methoden zur Einbindung des Preises in das Verkaufsgespräch.	**Die Verzögerungsmethode** Kunden verlangen eine klare Antwort auf die Frage nach dem Preis einer Ware, deshalb darf man als Verkäufer die Preisnennung nicht allzu sehr herauszögern, jedoch so lange, dass der Kunde einen guten Eindruck vom Preis-Leistungs-Verhältnis der Ware bekommt. **Die Sandwichmethode** Hier wird die Nennung des Preises in die Verkaufsargumentation verpackt. Bevor der Verkäufer einen Preis nennt, erklärt er gezielt die Vorteile und Eigenschaften der Ware, um nach der Preisnennung damit fortzufahren. **Die Vergleichsmethode** Für Kunden ist der Preis einer Ware, ohne deren Vor- und Nachteile abzuwägen, oftmals nicht einsichtig, sodass es zu vorsichtigen Einwänden gegen den vermeintlich hohen Preis kommt. In diesen Fällen ist das Herausstellen der Vorzüge der Ware gegenüber einer preiswerteren Vergleichsware besonders wichtig.

	Verkleinerungsmethode
	Ein hoher Preis klingt für viele Kunden zunächst abschreckend. Hier kann der Verkäufer den Preis z. B. auf ein Jahr oder einen Monat umrechnen, um so dem Kunden zu verdeutlichen, dass der auf den ersten Blick recht hohe Preis in der Tat sehr viel geringer ausfällt.
Welche Begriffe sollten Sie im Rahmen der Preisnennung vermeiden? Begründen Sie Ihre Antwort.	**Sie sollten die Begriffe „teuer" und „billig" vermeiden.** Wenn der Begriff „teuer" in einem Verkaufsgespräch vorkommt, versteht der Kunde meist, dass „ihn etwas teuer zu stehen kommt" und er wahrscheinlich zu viel Geld bezahlen soll. Den Begriff „billig" beziehen Kunden dagegen erfahrungsgemäß auf die Warenqualität, sodass beide Begriffe im Verkaufsgespräch vermieden und umformuliert werden sollten.
Unterscheiden Sie verbale und nonverbale Kaufsignale des Kunden im Verkaufsgespräch.	**Sprachliche (verbale) Kaufsignale** – Der Kunde äußert sich zustimmend. – Der Kunde wiederholt die wichtigsten Kaufargumente, um zu überprüfen, ob er alles richtig verstanden hat. – Der Kunde stellt Fragen zu weiteren Einzelheiten, z. B. zu Benutzung und Pflege der Waren, Garantie, Umtausch. Hier spielt der Kunde gedanklich schon einmal durch, wie sich der Besitz der Ware auf ihn auswirken würde. – Der Kunde fragt bei größeren Beträgen nach den Zahlungsmodalitäten. – Der Kunde fragt nach Referenzen. Er sucht hierbei noch letzte Sicherheit. Die Erfahrungen anderer können seine Zweifel zerstreuen. **Körpersprachliche (nonverbale) Kaufsignale** – Der Kunde ergreift erneut die Ware. Durch diese Geste zeigt er an, dass er die Ware gern besitzen würde. – Der Kunde nickt zustimmend. Diese Geste signalisiert Zustimmung. Er zeigt eine positive Mimik. – Der Kunde simuliert den Besitz der Ware.

7.4.7 Kaufentscheidung

Beschreiben Sie, mit welchen drei Abschlusstechniken Sie die Kaufentscheidung des Kunden beeinflussen können.	**Die Ja-Fragen** Der Verkäufer stellt seinem Kunden Fragen zu Produktwünschen, die der Kunde alle mit „Ja" beantwortet. All diese Wünsche erfüllt die zum Kauf stehende Ware. Am Ende der Fragenserie wird dem Kunden klar, dass das Produkt alle seine Wünsche erfüllt. **Die Alternativfrage** Haben sich im Verkaufsgespräch zwei Alternativen ergeben, spitzen Sie die Auswahl und die Entscheidung auf diese beiden Artikel zu.

Die Zusammenfassung

Die vom Kunden während des Verkaufsgesprächs mit Zustimmung begleiteten Argumente werden noch einmal zusammengefasst. Dabei stehen die stärksten Argumente am Schluss. Dem Kunden wird so noch einmal verdeutlicht, dass seine Vorstellungen mit diesem Produkt erfüllt werden.

Die Empfehlung

Manche Kunden sind in ihrer Entscheidung so unsicher, dass sie die Verantwortung dafür gerne an den Verkäufer abgeben. Aber Vorsicht: Dies setzt voraus, dass die Empfehlung aus Sicht des Kunden ausgesprochen wird. Der Verkäufer muss sich in die Lage des Kunden hineinversetzen und aus dieser Perspektive heraus die Empfehlung aussprechen. Dies erfordert sehr viel Einfühlungsvermögen, sonst ist hier die Gefahr einer späteren Reklamation recht groß.

Einschränken der Auswahl

Ist während des Verkaufsgesprächs erkennbar, dass ein Artikel nicht infrage kommt, sollte dieser beiseitegelegt werden. Dies lenkt die Aufmerksamkeit auf die wirklich relevante Ware.

Das Schweigen des Verkäufers

In manchen Situationen ist es angebracht, den Kunden in Ruhe überlegen und eine Gesprächspause einfließen zu lassen. Dies führt entweder direkt zu einer Kaufentscheidung oder der Kunde erhält die Gelegenheit, sich bezüglich seiner Bedenken zu äußern.

Die direkte Kaufaufforderung

Diese Abschlusstechnik sollten Sie nur einsetzen, wenn Sie sich der Kaufbereitschaft des Kunden sehr sicher sind. Sie fordern hiermit den Kunden direkt zu einer Entscheidung auf.

Wie können Sie die Kaufentscheidung eines Kunden bekräftigen? Erläutern Sie drei Vorgehensweisen.

Die Bekräftigung der Kaufentscheidung kann auf verschiedene Weise erfolgen.

Bezugnahme auf das Kaufmotiv

Der Verkäufer bestätigt erneut, dass die gewählte Ware das Kaufmotiv zu 100 % erfüllt.

Die Möglichkeit zum Umtausch

Der Verkäufer gibt dem Kunden Sicherheit durch die Betonung der Umtauschmöglichkeit, denn eine eventuelle Fehlentscheidung wird keine Konsequenz haben. Der Kunde kann die Ware ja umtauschen.

Betonung der Qualität

Der Verkäufer als Fachmann lobt die Entscheidung des Kunden und damit auch das Urteilsvermögen des Kunden.

	Hinweis auf Kundendienst und Serviceleistungen
	Der Verkäufer signalisiert dem Kunden, dass der Kunde auch bei zukünftigen Problemen nicht allein dastehen wird, sondern auf die Unterstützung des Autohauses vertrauen kann.
	Tipps zum Gebrauch und zur Pflege der Ware
	Der Verkäufer signalisiert dem Kunden, dass er den Kunden langfristig zufriedenstellen möchte. Er ist an einer langfristigen Kundenbeziehung interessiert.

7.4.8 Ergänzungsangebote, Alternativangebote

Wie können Sie die Serviceleistungen eines Autohauses als zusätzliches Verkaufsargument einsetzen?	Während des Verkaufsgesprächs lassen sich die **Serviceleistungen** des Autohauses als Verkaufsargument nutzen. Nachdem der Kunde über die Ware entsprechend informiert ist, kann zur richtigen Zeit die Serviceleistung als Verkaufsargument in das Gespräch einfließen. Allerdings sollte man darauf achten, spezielle Bedürfnisse oder Probleme des Kunden richtig zu erfassen. Dann kann der Hinweis auf den guten Service der ausschlaggebende Impuls für die Kaufentscheidung sein.
Was verstehen Sie unter einem Kaufkater?	Viele Kunden haben nach dem Kaufabschluss einen sogenannten **Kaufkater**. Sie bereuen den eben getätigten Kauf und werden vielleicht sogar von einem schlechten Gewissen geplagt. Fangen Sie den Kunden in dieser Stimmung auf, indem Sie ihm Rechtfertigungsgründe für seinen Kauf geben. Dies bewirkt, dass der Kunde das Geschäft mit einem positiven Gefühl verlässt. Somit bestärken Sie den Kunden in seinem Selbstwertgefühl und ermöglichen ihm ein positives Kauferlebnis. Außerdem zeigen Sie dem Kunden, dass sein Wohl Ihnen am Herzen liegt, denn Sie interessieren sich auch nach dem Kaufabschluss noch für ihn. Nur so können Sie langfristig Kunden an Ihr Haus binden.
Wann sollten Sie in einem Verkaufsgespräch Ergänzungsartikel anbieten?	Grundsätzlich gilt die Regel, dass der Verkäufer einen **Ergänzungsartikel** nach der Kaufentscheidung des Hauptartikels, aber vor der Zahlung dieses Artikels anbieten sollte. Vor der Kaufentscheidung verwirrt die Ergänzung den Kunden nur – er sieht primär die zusätzlichen Kosten, die auf ihn zukommen, und er hat den Eindruck, ohne Ergänzung taugt der Artikel nichts. Befindet sich der Kunde bereits auf dem Weg zur Kasse, ist der Moment für ein Ergänzungsangebot verpasst. Der Kunde hat mit seiner Kaufentscheidung abgeschlossen und festgelegt, wie viel er jetzt ausgeben möchte. Ebenso ungünstig für ein Ergänzungsangebot ist der Moment an der Kasse nach der Zahlung. Kaum ein Kunde wird jetzt bereit sein, das Portemonnaie noch einmal herauszuholen.
	Aber wie immer bestätigen die Ausnahmen die Regel: So ist es durchaus denkbar, den Ergänzungsartikel schon während des Hauptkaufes anzubieten, nämlich dann, wenn dieser Ergänzungsartikel verkaufsfördernd wirkt.

Wie reagieren Sie, wenn Sie einen vom Kunden gewünschten Artikel nicht in Ihrem Sortiment führen?	Wenn Sie einen gewünschten Artikel nicht in Ihrem Sortiment führen, sollten Sie Ihrem Kunden eine Alternative anbieten, die seinen Bedürfnissen mindestens ebenso gut gerecht wird. Vermeiden Sie dabei aber Formulierungen, die Ihr Alternativangebot in den Augen des Kunden minderwertiger erscheinen lassen können. Sprechen Sie so wenig wie möglich über den nicht vorhandenen Artikel, sondern führen Sie die Vorteile Ihres Alternativangebots dem Kunden direkt vor Augen. Auch die Frage nach den mit dem nicht vorhandenen Artikel verbundenen Produktmerkmalen hilft Ihnen, ein für den Kunden bedarfsgerechtes Alternativangebot zu finden.

7.4.9 Verabschiedung

Erläutern Sie drei Punkte, die Sie bei der Verabschiedung eines Kunden berücksichtigen sollten.	**Verabschiedung des Kunden:** – Wie im gesamten Verkaufsgespräch sollten Sie sich natürlich verhalten und hochtrabende Formulierungen vermeiden, wie z. B. „Vielen Dank, gnädige Frau, und beehren Sie uns bald wieder." – Unabhängig vom Kunden und dessen Erscheinung (Alter, Kleidung, gesellschaftliche Stellung) sollten Sie stets höflich und freundlich sein. – Ist Ihnen der Name des Kunden bekannt, verabschieden Sie sich namentlich von ihm. – Helfen Sie hilfsbedürftigen Kunden von sich aus beim Verlassen des Geschäfts, z. B. Müttern mit Kinderwagen oder gehbehinderten Menschen.

7.5 Ausgangsrechnung

Welche formalen Anforderungen stellt das Umsatzsteuergesetz (UStG) an die Erstellung einer ordnungsgemäßen Rechnung?	**Formale Anforderungen an eine ordnungsgemäße Rechnung nach UStG:** – Name und Anschrift des leistenden Unternehmens – Steuernummer oder Umsatzsteueridentifikationsnummer des Rechnungstellers – fortlaufende Rechnungsnummer – Ausstellungsdatum – Zeitpunkt der Lieferung – Nettowarenwert – Umsatzsteuerbetrag – Steuersatz – Entgeltminderung – Menge und Bezeichnung des Liefergegenstandes/der Leistung – Bei innergemeinschaftlicher Lieferung von Neuwagen müssen Alter, Hubraum und Laufleistung angegeben werden. – Name und Anschrift des Leistungsempfängers

Ab welchem Grenzbetrag muss die Umsatzsteuer als Euro-Betrag auf einer Rechnung angegeben werden?	**Ab 250,00 € brutto** muss die Umsatzsteuer als Euro-Betrag auf einer Rechnung angegeben werden.
Aus welchen Rechnungsbestandteilen setzt sich der Bruttorechnungsbetrag zusammen?	Nettorechnungsbetrag = 100 % + Umsatzsteuerbetrag = 19 % = **Bruttorechnungsbetrag** = 119 %
Wozu dient eine Verpackung?	Durch den Transport und die Lagerung der Ware ist es erforderlich, dass diese ausreichend geschützt wird. Deshalb wird in der Regel auf eine **Verpackung** zurückgegriffen. Sie kann unterschiedliche Funktionen übernehmen. Neben einer Schutzfunktion, kann sie beispielsweise auch eine bessere Lagerung gewährleisten (z. B. Stapelfähigkeit), den Verkauf unterstützen (z. B. vorgegebene Mengeneinheiten) oder auch zur Werbung dienen (z. B. Werbefläche für andere Waren).
Wer trägt die Kosten der Versandverpackung?	§ 448 BGB: Der Käufer trägt die Kosten der **Versandverpackung,** der Verkäufer die **Verkaufsverpackung.** § 380 HGB: Das Nettogewicht ist in Rechnung zu stellen. Mögliche Vereinbarungen können sein: „Verpackung frei", „Verpackung leihweise", „brutto für netto" etc.
Was fällt unter die Transportkosten (Beförderungskosten)?	Neben dem eigentlichen Kaufpreis muss zwischen den Vertragsparteien außerdem geregelt werden, wer die Kosten des Transports zu tragen hat. Als **Transportkosten** (Beförderungskosten) fallen im Wesentlichen das Rollgeld, Lade- und Entladegebühren sowie die Fracht an. Fracht ist das Entgelt für eine gewerbliche Beförderung von Gütern. Rollgeld sind die Beförderungskosten vom Lieferer bis zur Versandstation (z. B. Hafen) sowie von der Empfangsstation zum Käufer. Im internationalen Handelsverkehr ist unter Umständen außerdem noch Zoll zu zahlen.
Erläutern Sie die folgenden vertraglichen Vereinbarungen zur Lieferzeit: − Termingeschäft − Fixhandelskäufe − Kauf auf Abruf	**Vertragliche Vereinbarungen zur Lieferzeit:** | **Termingeschäfte** | Lieferung bis zu einem bestimmten Zeitpunkt, z. B. innerhalb von 4 Wochen | |---|---| | **Fixhandelskäufe, Fixgeschäfte** | Lieferung zu einem genau bestimmten Termin, z. B. Lieferung am 20. Dezember | | **Kauf auf Abruf** | Lieferung kann vom Käufer innerhalb einer vereinbarten Frist in Teilmengen abgerufen werden, z. B. Anforderung der vereinbarten Gesamtliefermenge innerhalb von sechs Monaten in fünf Teilmengen |

Erläutern Sie die folgenden vertraglich vereinbarten Zahlungsbedingungen: – Vorauszahlung – Anzahlung – Zielkauf – netto Kasse	**Vertraglich vereinbarte Zahlungsbedingungen:** | **Vorauszahlung**	üblich bei neuen und zahlungsschwachen Kunden, Großaufträgen oder auch bei Auslandsgeschäften
Anzahlung	ein Teilbetrag wird bei Auftragserteilung, ein Teil nach Empfang der Rechnung und der Rest innerhalb einer bestimmten Frist nach der Lieferung fällig
Zielkauf	Zahlung innerhalb einer bestimmten Frist (Zahlungsziel) nach der Lieferung
netto Kasse	Zahlung ohne Abzug von Skonto	
Nennen Sie verschiedene Preisnachlässe.	**Sofortnachlässe:** Mengenrabatt, Treuerabatt, Wiederverkäuferrabatt usw. **Nachträgliche Preisnachlässe:** Skonto, Bonus
Die Autoland Murschall GmbH gewährt einem Kunden Skonto. Entscheiden Sie, ob die Umsatzsteuerschuld der Autoland Murschall GmbH gegenüber dem Finanzamt hierdurch steigt oder sinkt.	Die **Umsatzsteuerschuld** sinkt, denn durch die nachträgliche Preisminderung in Form von Skonto sinken der Umsatz und somit auch die abzuführende Umsatzsteuer.

7.6 Beschwerdemanagement

Welchen Nutzen bringen Kundenbeschwerden für ein Autohaus?	**Nutzen von Kundenbeschwerden:** – Missstände im Autohaus können aufgedeckt werden. – Sie bieten die Chance, einen Beitrag zur Kundenzufriedenheit und Kundenbindung zu leisten, wenn die Mitarbeiter mit den Beschwerden richtig umgehen. – Der Kunde bleibt zunächst Kunde des Autohauses und gibt dem Betrieb die Chance, ihn zu halten.
Beschreiben Sie in fünf Schritten, wie Sie die berechtigte Beschwerde eines Kunden kundengerecht bearbeiten.	**Schritt 1: Beruhigen Sie den Kunden.** Reklamierende Kunden sind verärgert, weil die Ware, die Beratung oder der Kundendienst nicht ihren Erwartungen entsprochen hat. Auch haben sie sich die Mühe machen müssen, diese unangenehme Angelegenheit zu erledigen. Außerdem wissen sie nicht, ob sie sich mit ihren Forderungen gegenüber dem Autohaus durchsetzen können. Das alles macht sie aufgeregt, teilweise sogar aggressiv. Auf jeden Fall fühlen sie sich im Recht. Meistens werden deshalb Reklamationen von Kunden unsachlich und gefühlsbetont vorgetragen, manchmal auch lautstark und übertrieben.

Sicherlich ist es für den Mitarbeiter im Autohaus in dieser Situation nicht immer einfach, Ruhe zu bewahren, besonders, wenn sich die Kritik gegen das Verkäuferverhalten richtet. Um das Gespräch auf einer ruhigen und sachlichen Ebene zu führen, dürfen Sie den Kunden auf keinen Fall unterbrechen. Durch konzentriertes Zuhören werden Sie den objektiv sachlichen und den subjektiv gefühlsmäßigen Reklamationsgrund erfahren. Laute Reklamationsgespräche in Gegenwart anderer Kunden sollten Sie vermeiden. Der Reklamierende fühlt sich eventuell noch gestärkt, will auf sich aufmerksam machen und sich vor dem Publikum profilieren. In einem ruhigen Teil des Autohauses oder in einem Nebenraum kann das Gespräch in aller Ruhe fortgesetzt werden.

Schritt 2: Zeigen Sie Verständnis.

Bei der Entgegennahme einer Reklamation sollten Sie, unabhängig davon, ob die Reklamation berechtigt ist oder nicht, dem Kunden das Gefühl geben, dass Sie seinen Ärger verstehen können. Dazu gehört auch, dass Sie das Anliegen des Kunden ernst nehmen und nicht „kleinreden".

Schritt 3: Klären Sie den Sachverhalt.

Bei der Überprüfung der Kundenansprüche sollte der Kunde sehen, dass der Reklamationsfall seriös abgewickelt wird. Dazu gehören die Kontrolle der Kaufdaten anhand des Kassenbelegs, die Überprüfung der mitgebrachten Ware auf die beanstandeten Mängel und die Nachforschung, ob dem Kunden gesonderte Umtauschrechte zugesichert wurden.

Um Missverständnisse zu vermeiden, sollten Sie Kundenaussagen noch einmal wiederholen lassen, bei Unklarheiten lieber noch einmal nachfragen und sich ggf. auch Einzelheiten notieren. Dadurch verschaffen Sie sich einen besseren Überblick über die Rechtslage und hüten sich vor einem vorschnellen Urteil. Gleichzeitig erkennt der Kunde, dass er seine Behauptungen beweisen muss, und er gewinnt den Eindruck, dass alles seriös abgewickelt wird.

Schritt 4: Machen Sie Lösungsvorschläge und entschuldigen Sie sich.

Ist die Reklamation berechtigt, müssen Sie sich selbstverständlich bei dem Kunden für die Unannehmlichkeiten entschuldigen. Dem Kunden steht in diesem Fall ein Wahlrecht zwischen einer Reparatur oder der Beschaffung einer neuen, einwandfreien Ware zu. Wenn der Kunde von diesem Wahlrecht nicht Gebrauch machen möchte, ist zu überlegen, ob Sie dem Kunden mehr entgegenkommen wollen, indem Sie einen Preisnachlass oder eine Geldrückgabe anbieten. Wirtschaftliche Gesichtspunkte müssen in die Überlegungen mit einfließen. Falls Sie das Problem selber nicht klären können, sichern Sie eine schnelle Lösung zu. Wenn Sie sich dazu einige schriftliche Notizen machen, erkennt der Kunde, dass Sie sich ernsthaft um eine Lösung bemühen.

Notieren Sie sich von dem Kunden auch eine Telefonnummer, unter der er tagsüber am besten zu erreichen ist. Sagen Sie dem Kunden einen verbindlichen spätesten Termin zu, an dem Sie sich bei ihm melden werden. Auch wenn Sie zu diesem Zeitpunkt wider Erwarten das Problem noch nicht gelöst haben sollten, melden Sie sich dennoch beim Kunden und informieren ihn über den Stand der Dinge.

Schritt 5: Erledigen Sie alles sofort.

Die mit dem Kunden vereinbarte Lösung muss sofort ausgeführt werden. Bei Umtausch und Geldrückgabe füllen Sie die entsprechenden Vordrucke aus und veranlassen das Vereinbarte. Eine Reparaturannahme muss schriftlich festgehalten und gleich weitergeleitet werden. Sie sollten sich für den Kunden sichtbar darum bemühen, dass die Dauer der Reparatur so kurz wie möglich gehalten wird. Vielleicht können Sie dem Kunden für die Überbrückungszeit eine Leihware zur Verfügung stellen. Der Kunde sieht, dass Sie sich korrekt verhalten, und kann wieder Vertrauen zu Ihrem Unternehmen fassen.

Nach der Verabschiedung des Kunden muss die nicht wieder verkäufliche Ware entsorgt und abgeschrieben oder, falls möglich, zum Lieferanten zurückgeschickt werden. Bei fehlerhafter Ware sollten Sie überprüfen, ob Sie die gleichen Artikel aus derselben Lieferung noch zum Verkauf anbieten und ob diese einwandfrei sind.

7.7 Rechtslage bei fehlerfreier und fehlerhafter Ware

Welche Rechte hat ein Kunde, wenn seine gekaufte Ware fehlerfrei ist?	Rechte des Kunden bei **fehlerfreier** Ware:
	– Wenn die Ware im Autohaus bar bzw. auf Rechnung gekauft wurde, besteht gesetzlich kein Anspruch auf Umtausch; Umtausch wird nur gewährt aufgrund von
	  • Kulanz oder
	  • vertraglichen Regelungen, die bei Vertragsabschluss galten (z. B. AGB).
	– Wenn die Ware finanziert wurde, hat der Käufer ein 14-tägiges Rücktrittsrecht.
	– Wurde die Ware im Internet bestellt, gilt das Fernabsatzgesetz und der Kunde kann den Kauf innerhalb von 14 Tagen ohne Angabe von Gründen widerrufen.

Bei einem Verbrauchsgüterkauf gilt im Falle einer Kundenreklamation die Beweislastumkehr. Erläutern Sie diesen Sachverhalt.	Die **Beweislastumkehr** ist ein starkes **Verbraucherschutzrecht**, das die wirtschaftliche Position des Händlers einschränkt. Grundsätzlich gilt, dass nur Fehler, die bei der Übergabe der Ware schon vorhanden waren, zu einem Anspruch aus der Sachmangelhaftung führen. Sollte also ein Fehler nach drei Monaten auftreten, könnte der Händler ohne die Beweislastumkehr den Standpunkt vertreten, dass dieser Fehler bei der Übergabe noch nicht vorhanden war und erst durch die unsachgemäße Handhabung der Ware durch den Kunden entstanden ist. Der Kunde müsste dann einen teuren Sachverständigen einschalten, der wiederum beweisen muss, dass der Fehler bereits bei der Übergabe vorhanden war. Hier wird schnell deutlich, dass die meisten Kunden diesen Weg nicht beschreiten würden und somit auf ihr eigentlich gutes Recht verzichten würden.

Durch die Einführung der sechsmonatigen Beweislastumkehr wurden die Rechte des Verbrauchers enorm gestärkt. Tritt nun bei einer Ware ein Fehler innerhalb der ersten sechs Monate nach der Übergabe auf, so wird grundsätzlich angenommen, dass dieser Fehler bereits bei der Warenübergabe vorhanden war. Die Last des Beweises, dass der Fehler bei der Übergabe noch nicht vorhanden war, liegt also nun beim Unternehmer.

Nach Ablauf der sechs Monate ändert sich die Beweislast allerdings und liegt dann beim Kunden. Sollte also z. B. im achten Monat ein Fehler auftreten, muss der Kunde beweisen, dass der Fehler bereits bei Übergabe vorhanden war (z. B. mithilfe eines Gutachters). Die sechsmonatige Beweislastumkehr führt nun dazu, dass Reklamationen innerhalb der ersten sechs Monate in der Regel vom Händler anerkannt werden und die Reklamation erfolgreich verläuft.

8 Präsentation von Zubehör planen und umsetzen

8.1 Gestaltung des Teile- und Zubehör-Shops

Beschreiben Sie die generellen Ergebnisse von Kundenlaufanalysen im Zubehörshop eines Autohauses.	Aus den Kundenlaufanalysen ist bekannt, dass die meisten Kunden beim Betreten des Zubehörshops des Autohauses dazu tendieren, sich **nach rechts** zu drehen und sich an den Außenwänden zu orientieren. Die in Laufrichtung rechts platzierten Waren erhalten somit viel mehr Aufmerksamkeit als die links stehenden. Die **Mittelzonen** des Verkaufsraums werden dabei wesentlich schwächer frequentiert, **Ladenecken** und die **hinteren Bereiche** des Verkaufsraums werden gemieden. Außerdem vermeiden die Kunden scharfe Richtungswechsel und versuchen, so schnell wie möglich durch den Laden zu gelangen. Aufgrund dieses Kundenverhaltens ergeben sich unterschiedlich verkaufsaktive Bereiche in einem Geschäft.

Nennen und erläutern Sie fünf typische Verkaufszonen in einem Zubehörshop eines Autohauses und geben Sie jeweils an, wie verkaufsaktiv Ihre genannte Zone ist.	Zone	Merkmale / Erklärung	Verkaufsaktiv (+/o/−)
	Beobachtungszone	Verkaufspersonal kann hier einen wesentlichen Teil des Ladens überblicken	o
	Beratungszone	Bedientheken mit Vollbedienung	+
	Eingangszone	Kundenlauf wird hier „gebremst"	+/o
	Kassenzone	unterschiedlich verkaufsaktiv vor/hinter der Kasse	+/−
	lagernahe Zone	Zone mit „Verkehr" von Rollcontainern und Paletten zur Nachbestückung	o
	Mittelzone	Mitte des Ladens	o
	Randzone	Regale an den Ladenwänden	+
	Servicezone	Informationstheke des Ladens, die immer mit Personal besetzt sein sollte	o

Unterscheiden Sie die Längs- und Querplatzierung von Warenträgern im Autohaus.	**Längsplatzierung** Sie ist durch lange Regale gekennzeichnet, an denen der Kunde entlang geführt wird. **Querplatzierung** Sie hat schmalere Regale, die sich für eine abwechslungsreiche Warenpräsentation eignen.

Erläutern Sie das Prinzip der Verbundplatzierung im Rahmen der Warenpräsentation im Verkaufsraum.	Gleiche Waren in verschiedenen Größen sollten nicht nebeneinander, sondern untereinander in einer vertikalen Blockplatzierung gestapelt werden. Warengruppierungen, die nach Bedarfszusammenhängen gebildet werden, regen zum Ergänzungskauf an. Eine solche Verbundplatzierung dient dem Kunden als Gedächtnisstütze.
Beschreiben Sie die vier Regalebenen eines Warenträgers hinsichtlich Lage und Verkaufswirksamkeit.	Die verschiedenen Ebenen eines Verkaufsregals sind **unterschiedlich verkaufswirksam.** Der Blick eines Kunden, der vor einem Regal steht, ist zunächst auf die in Sichthöhe ausgestellten Produkte gerichtet. Deshalb hat die **Sichtzone** die größte Verkaufswirksamkeit. Die darunter liegende **Greifzone** ist als zweitbeste Regalebene auch eine verkaufsstarke Zone. Der Platz in der **Reckzone** ist nicht uninteressant, aber relativ verkaufsschwach. Die **Bückzone** liegt nicht direkt im Sichtfeld und ist außerdem für den Kunden unbequem bei der Warenentnahme. Sie ist deshalb die verkaufsschwächste Regalzone. Reckzone über 1,80 m Sichtzone 1,40–1,80 m Greifzone 1,00–1,40 m Bückzone unter 1,00 m
Begründen Sie, wo und wie Sie – Ergänzungsartikel – Impulsartikel – Magnetartikel und – Langsamdreher in einem Regal platzieren würden.	**Ergänzungsartikel** stehen mit den Hauptartikeln in einem Verwendungszusammenhang. Der Verkauf von Ergänzungsartikeln kann gefördert werden, wenn umsatzstarke Hauptartikel und Ergänzungsartikel nebeneinander oder untereinander im Regal platziert werden. **Impulsartikel** werden vom Kunden spontan und meistens unbewusst gekauft. Der Kunde überlegt nicht lange, ob er diese Artikel kaufen soll, weil es sich meistens um kleinere Gegenstände des Alltags handelt. Daher sollten Impulsartikel ebenfalls in verkaufsaktive Zonen eingeordnet werden, damit der Kunde bequem zugreifen kann. Regalenden bzw. Regalköpfe, an denen der Kundenstrom vorbeiläuft, sind verkaufsaktiv und eignen sich besonders für die Platzierung von Impulsartikeln.

	Artikel, für die eine hohe Kundennachfrage besteht, werden als **Magnetartikel** bezeichnet. Sie sollten daher im Regal in Laufrichtung vorne platziert werden. Die Kunden finden diese Artikel schnell und können die restliche Zeit für zusätzliche Einkäufe nutzen.
	Artikel, die weniger häufig verkauft werden, heißen **Langsamdreher.** Damit sich diese absatzschwachen Artikel in den verkaufsaktiven Sicht- und Greifzonen besser vermarkten lassen, sollten Langsamdreher abwechselnd mit Schnelldrehern im Zebra-System platziert werden. Knapp kalkulierte Artikel, die der Kunde geplant kauft, gehören in die Bückzone ebenso wie sperrige Großgebinde wie zum Beispiel 5 Liter Motoröl.
Welches Ziel verfolgt das Autohaus mit Visual Merchandising?	Durch Visual Merchandising, d. h. durch eine aufeinander abgestimmte wirkungsvolle Ladengestaltung und Warenpräsentation, soll beim Kunden ein **Kaufwunsch** geweckt werden. Dazu sollte das Warenangebot klar und übersichtlich gegliedert sein, wobei Einzelstücke optisch hervorgehoben werden. Außerdem sollte die Kundenführung so gestaltet sein, dass die Kunden bestmöglich an der Ware vorbeigeführt werden.
Nennen Sie fünf Maßnahmen, die zum Visual Merchandising zählen.	Zu den Maßnahmen des Visual Merchandising gehören: – Dekoration – Licht – Farben – Kundenführung – Warenträgerplatzierung
Wie kann Licht einen erheblichen Einfluss auf die Verkaufsförderung erzielen?	Licht ist eine wichtige Voraussetzung für eine **gefällige Warenpräsentation.** Die Beleuchtung hat im Verkaufsraum einen starken Einfluss auf die **Verkaufsförderung** und kann als Gestaltungselement in jedem Autohaus gezielt eingesetzt werden. Licht – bewirkt Atmosphäre, – unterteilt und arrangiert Warenbereiche, – leitet die Blicke des Kunden, – führt ihn so durch das Autohaus, – macht Preisauszeichnungen besser lesbar und – ermöglicht, die Qualität der Ware besser zu beurteilen. Zusätzliche **Akzentbeleuchtung,** beispielsweise mit größerer Beleuchtungsstärke oder umgewandeltem Lichteinfall, verlockt die Kunden zum Hinsehen. Die Orientierung im Verkaufsraum wird durch die **Allgemeinbeleuchtung** mit einheitlicher Gliederung der Leuchten oberhalb des Verkaufsraums ermöglicht. Die Lichtatmosphäre wird von der Abstimmung der Allgemein- zur Akzentbeleuchtung geprägt.

Werkstattprozesse

1	**Sichtprüfungen zur Verkehrs- und Betriebssicherheit durchführen**	80	
1.1	Sichtprüfung an Fahrzeugen	80	
1.2	Erhaltung der Verkehrs- und Betriebssicherheit	80	
2	**Mechanische, hydraulische, pneumatische und elektronische Systeme unterscheiden**	81	
2.1	Kraftübertragung	81	
2.2	Hydraulik	83	
2.3	Elektronik	83	
2.4	Antriebstechnologie	85	
2.5	Aktive und passive Fahrzeugsicherheit	86	
3	**An Diagnose-, Wartungs-, Service- und Reparaturarbeiten mitwirken**	87	
3.1	Diagnose an Fahrzeugen	87	
3.2	Wartungsdienst	87	
3.3	Reparaturarbeiten	93	
3.4	Prüfen von Füllmengen	93	
3.5	Korrigieren von Füllständen	93	
4	**Bei der Beanstandungs- und Schadensaufnahme mitwirken**	94	
4.1	Vorgehensweise bei der Schadensaufnahme	94	
5	**Die umweltgerechte Entsorgung und das Recycling organisieren**	97	
5.1	Umweltgerechte Entsorgung von Fahrzeugen	97	
5.2	Umweltgerechte Entsorgung von Gefahrstoffen	99	
6	**Qualitätsvorgaben im Kundenservice anwenden**	100	
6.1	Kundenorientierung	100	
7	**Informationssysteme unter Einhaltung des Datenschutzes nutzen**	100	
7.1	Datenschutz	100	
8	**Kundenwünsche ermitteln und die weitere Bearbeitung koordinieren**	101	
8.1	Routinearbeiten	101	
8.2	Arbeiten, die eine besondere Qualität erfordern	101	
9	**Werkstatt- und Serviceleistungen sowie zeitwertgerechte Reparaturleistungen anbieten**	103	
9.1	Reparaturbedingungen (AGB)	103	
9.2	Unterschiedliche Serviceleistungen	104	
10	**Bei der Erstellung von Kostenvoranschlägen mitwirken**	106	
10.1	Kostenvoranschlag	106	
10.2	Erstellung von Kostenvoranschlägen	106	
11	**Werkstattaufträge erstellen**	107	
11.1	Auftragsannahme	107	
11.2	Ermittlung von fahrzeugbezogenen technischen Daten	107	
11.3	Werkstattformulare	108	
11.4	Identifikation der Ersatzteile	108	
11.5	Aufklärung und Zustimmung des Kunden	109	
12	**Termine planen und mit den zuständigen Bereichen koordinieren**	109	
12.1	Werkstattkapazität und Terminplaner	109	
12.2	Kriterien bei der Arbeitsplanung	109	
13	**Anforderungsbezogene Fremdleistungen organisieren**	110	
13.1	Fremdleistungen	110	
13.2	Abwicklung mit der Versicherung	110	
13.2.1	Unfallgeschäft	110	
13.2.2	Schadenklassifizierung	111	
13.2.3	Schadenregulierung	113	
14	**Die Prüfung der Teileverfügbarkeit bereits bei der Terminvergabe veranlassen**	116	
14.1	Teileverfügbarkeit und Einsatz gebrauchter Fahrzeugteile	116	
14.2	Liste von Bezugsquellen und eigenem Lager	116	
15	**Die Kundenmobilität sicherstellen**	117	
15.1	Ersatzmobilität	117	
16	**Rechnungen erstellen und erläutern und Zahlungen entgegennehmen**	117	
16.1	Rechnungserstellung und -erläuterung	117	
16.2	Zahlungsmöglichkeiten	118	
16.3	Schiedsstelle	123	

1 Sichtprüfungen zur Verkehrs- und Betriebssicherheit durchführen

1.1 Sichtprüfung an Fahrzeugen

Viele Autohäuser arbeiten im Werkstattbereich nach dem Prinzip der Direktannahme. Wie läuft die Direktannahme ab?	Bei der **Direktannahme** (auch **Dialogannahme** genannt) schaut sich der Servicemeister noch im Beisein des Kunden das Fahrzeug auf einer Hebebühne an, um den notwendigen Reparaturumfang zu klären. Anschließend wird der Reparaturtermin mit dem Kunden abgesprochen.
Welche Vorteile hat die Direktannahme für das Autohaus?	**Vorteile der Direktannahme für das Autohaus:** – Es kann sein, dass der Serviceberater dabei noch weitere Mängel am Fahrzeug feststellt, wodurch es zu einer Erweiterung des ursprünglichen Auftrags kommt. – Dies führt zu einer besseren Auslastung der Werkstatt, einem zusätzlichen Umsatz und folglich auch einem höheren Ertrag. – Da die Auftragserweiterung im Beisein des Kunden erfolgt, entfallen zeitaufwendige nachträgliche Rücksprachen mit dem Kunden. – Der Kunde erlebt die Kompetenz seines Autohauses live mit.

1.2 Erhaltung der Verkehrs- und Betriebssicherheit

Um die Verkehrs- und Betriebssicherheit eines Kundenfahrzeugs zu gewährleisten, sollte bereits bei der Annahme eine erste kurze Sichtprüfung erfolgen, um eventuell schon weitere Maßnahmen zu besprechen und zu vereinbaren. Welche Fahrzeugbereiche sollten Sie daher einer Sichtprüfung unterziehen?	Bei der Annahme sollte z. B. eine **Sichtprüfung** der folgenden Bereiche stattfinden: **Reifen/Räder:** Schäden an Reifen oder Felgen, Prüfung der Profiltiefe **Lichttechnische Einrichtungen/elektrische Anlage:** Scheinwerfer, Abblendlicht, Fernlicht, Brems-, Schluss-, Parkleuchten, Rückstrahler, reflektierende Warnmarkierungen **Sichtverhältnisse:** Risse oder Steinschlagschäden in der Frontscheibe, Rückspiegel, Scheibenwischer, Scheibenwaschanlage **Umweltbelastungen:** Abgas- und Geräuschverhalten sowie Korrosion der Auspuffanlage, Verlust von Öl oder Hydraulikflüssigkeit Sollten Mängel bei der ersten Sichtprüfung gefunden werden, sollte mit dem Kunden über eine entsprechende Inspektion gesprochen werden.

2 Mechanische, hydraulische, pneumatische und elektronische Systeme unterscheiden

2.1 Kraftübertragung

Wozu dient die Kupplung bei einem Fahrzeug mit Schaltgetriebe?	Um im Stand den Motor starten zu können, muss eine manuelle Trennung zwischen Motor und Antriebsachse vorhanden sein. Wäre diese Trennung nicht vorhanden, würde jede Drehung des Motors auf die Räder übertragen und ein Stillstand des Fahrzeugs nur durch Abschalten des Motors möglich. Um diesen unangenehmen Zustand zu vermeiden, existiert die **Kupplung.** Durch Betätigen des Kupplungspedals wird eine Trennung zwischen Motor und Getriebe vollzogen.
Welche Aufgabe übernimmt das Differenzial?	Das **Differenzial** ist ein **Getriebe,** das die Drehzahlunterschiede auf die angetriebenen Räder ausgleicht. Dies ist bei **Kurvenfahrten** wichtig, da die kurvenäußeren Räder einen größeren Weg zurücklegen müssen als die kurveninneren. Für den Fall, dass ein angetriebenes Rad auf griffigem und das andere auf rutschigem Untergrund steht, sind manche Fahrzeuge (z. B. Geländewagen) mit einem **Sperrdifferenzial** ausgestattet. Das Sperrdifferenzial verbindet das Rad auf dem griffigen Untergrund mit dem Rad auf dem rutschigen Untergrund und setzt somit das Fahrzeug in Bewegung. Differenziale benötigen spezielle Hypoidöle, um das Kegelrad und das Tellerrad sicher zu schmieren.
Beschreiben Sie die Bedeutung der einzelnen Elemente bei der Reifenbezeichnung 195/65 R16 91 H.	– Reifenbreite in mm: 195 mm – Verhältnis Reifenhöhe zu Reifenbreite in Prozent; Serie 65 heißt 65 % von 195 mm (bei den 80er-Reifen, z. B. 155 R 13, fehlt oft die Angabe der Serie) – Bauart des Reifens; R steht für Radialreifen. – Felgendurchmesser in Zoll (hier 16 Zoll) – Tragfähigkeitsindex; z. B. 91 = 615 kg – Index des Reifens für die eingetragene Höchstgeschwindigkeit des Fahrzeuges (H = bis 210 km/h)
Was lässt sich anhand der DOT-Nummer erkennen?	Das Alter des Reifens, genauer gesagt die **Herstellungswoche** und das **Herstellungsjahr:** DOT 1318 bedeutet, dass der Reifen in der 13. Kalenderwoche im Jahr 2018 produziert wurde.
Welche Fahrzeuge müssen zwingend über ein Reifendruckkontrollsystem verfügen?	In Neufahrzeugen müssen seit dem 1. November 2014 per Gesetz verbindlich Reifendruckkontrollsysteme (RDKS) verbaut werden. Reifennotlaufsysteme müssen je Rad ein Reifendruckkontrollsystem besitzen, damit der Reifendruck ständig überwacht werden kann.

Grenzen Sie Radstand und Spurweite voneinander ab.	Der **Radstand** bezeichnet den Abstand zwischen der Vorder- und Hinterachse. Ein großer Radstand ermöglicht einen großen Kofferraum, mehr Ladefläche und mehr Komfort. Ein kurzer Radstand erhöht die Agilität beim Befahren von Kurven. Mit **Spurweite** ist der Abstand zwischen der Reifenmitte von linkem und rechtem Rad gemeint. Eine größere Spurweite reduziert die Seitenneigung und ermöglicht eine höhere Kurvengeschwindigkeit.
Was bedeutet es, wenn eine „positive Spur" eingestellt ist?	Die **Spur** bezeichnet die Schrägstellung des Rades zur Fahrtrichtung. In den meisten Fällen wird eine **positive Spur** (Neigung zur Fahrzeugmitte) eingestellt: Beide Räder einer Achse laufen leicht nach innen. Dadurch werden ein besserer Geradeauslauf und ein sofortiges Ansprechen auf Lenkbewegungen erreicht. Der Nachteil dieser Eigenschaften ist ein höherer Rollwiderstand der Reifen.
Was ist ein Sturz?	Der **Sturz** ist die Stellung der Räder zur Fahrbahn. Ein positiver Sturz, nach innen zur Fahrzeugmitte geneigt, ergibt zusammen mit der Spur einen Schräglauf und damit einen guten Geradeauslauf.
Wie kommt es zu Aquaplaning?	Unter **Aquaplaning** versteht man das Aufschwimmen der Reifen, das bei starken Regenfällen auch bei Reifen mit Profil vorkommen kann. Das Wasser auf der Straße darf den Kontakt zwischen Reifen und Fahrbahn nicht unterbinden, es muss also abgeleitet werden. Würde dies nicht geschehen, würde das Fahrzeug auf einer Wasserschicht fahren, und jegliche Lenkbewegung wäre sinnlos.
Erläutern Sie einen Vorteil und einen Nachteil des Heckantriebs gegenüber dem Frontantrieb.	Beim Antrieb der hinteren Räder **durch den Heckantrieb** wird der große Abstand zwischen Motor und Antriebsachse zum Nachteil, da er durch Antriebswellen überbrückt werden muss; jede dieser Antriebswellen erhöht das Gewicht des Fahrzeugs. Außerdem ist ein Kofferraum nicht oder nur sehr begrenzt integrierbar, da das Fahrzeugheck durch die Antriebseinheit ausgefüllt wird. Ein Vorteil ist, dass Antrieb und Lenkung nicht auf so engem Raum kombiniert werden müssen wie beim Frontantrieb.
Nennen Sie fünf typische Instandhaltungs- und Servicearbeiten am Fahrwerk.	**Beispiele für typische Instandhaltungs- und Servicearbeiten am Fahrwerk:** — Kontrolle der Feder-Dämpfer-Funktion — Überprüfung auf möglichen Federbruch — Überprüfung auf Reifen- und Felgenschäden — Regelmäßige Kontrolle des Luftdrucks — Kontrolle des Reserverads auf Luftdruck und allgemeinen Zustand

2.2 Hydraulik

Nennen Sie fünf typische Instandhaltungs- und Servicearbeiten an den Bremsen.	**Beispiel für typische Instandhaltungs- und Servicearbeiten an den Bremsen:** – Optische Kontrolle der Bremsflüssigkeit (Füllstand, Farbe) – Regelmäßiger Austausch der Bremsbeläge – Überprüfung der Bremsleitungen auf Dichtheit – Akustische Kontrolle der Bremse (Quietschgeräusche) – Beachtung des sich verändernden Druckpunktes – Kontrolle der Hand- bzw. Feststellbremse – Kontrolle der Bremsscheiben auf Stärke und Unebenheiten

2.3 Elektronik

Welche Aufgabe übernimmt die Lichtmaschine im Auto?	Das Auto und die Elektrik gehören zwangsläufig zusammen, denn zum Auslösen der Explosion im Zylinder eines Benzinmotors wird Strom benötigt. Um diesen Strom bereitzustellen, besitzt jedes Fahrzeug einen Generator, auch **Lichtmaschine** genannt. Die Lichtmaschine erzeugt jedoch erst Strom, wenn der Motor läuft. Für den Startvorgang liefert eine Starter-Batterie den Strom und wird dann vom Generator wieder aufgeladen.
Beschreiben Sie die Funktionsweise einer Halogenlampe.	**Halogenlampen** funktionieren im Prinzip wie herkömmliche Glühbirnen: Es erhitzt sich ein Glühfaden aus Wolfram durch Stromfluss bis zur Weißglut und erzeugt so Licht. Die **Besonderheit** der Halogenlampe ist ihr kleiner Quarzkolben, der nur wenig Wärme an die Umgebung abgibt. Durch diesen kann die Halogenlampe um einige Hundert Grad höher erhitzt werden als eine normale Glühbirne, was den Wirkungsgrad, also die Helligkeit, beträchtlich erhöht. Damit die höhere Temperatur nicht zu einer kürzeren Lebensdauer führt, befindet sich im Glaskolben **Halogen-Gas.** Dieses Gas sorgt dafür, dass der dünne Glühdraht nicht so schnell verbraucht wird. Daher leuchtet sie heller und besitzt eine längere Lebensdauer als die klassische Glühbirne. Damit der Lichtstrahl gebündelt wird und der Gegenverkehr nicht geblendet wird, ist die Halogenlampe vor einem **Reflektor** angeordnet.
Wie ist eine Xenonlampe aufgebaut?	Bei einer **Xenonlampe** handelt es sich um eine Gasentladungslampe. **Gasentladungslampen** bestehen aus einem dickwandigen, mit Xenon gefüllten Quarzglaskolben, in dem zwei massive Wolfram-Elektroden eingeschmolzen sind, zwischen denen ein Abstand von wenigen Millimetern bleibt. Sobald die Lampe eingeschaltet wird, bildet sich zwischen den Elektroden ein Lichtbogen. Die Haltbarkeit von Xenonlampen ist viermal so hoch wie bei Halogenlampen, das Licht wirkt kälter (blau), ist aber wesentlich heller als konventionelles Halogenlicht.

Werkstattprozesse

Nennen Sie die Vorteile von LED-Lampen gegenüber den Halogen- oder Xenonlampen.	**LED** sind heller, langlebiger und deutlich effizienter und senden entsprechend auch weniger Wärmestrahlung aus.
Was versteht man unter Konnektivität?	Unter **Konnektivität** versteht man die **Anschluss- oder Verbindungsfähigkeit** eines Fahrzeugs. Es verfügt also über einen Internetzugang (und meist WLAN), sodass das Fahrzeug die Internetverbindung mit anderen Geräten teilen kann. So könnte z. B. das Smartphone des Fahrers mit dem Infotainment-System im Auto verbunden werden. Weitere Angebote könnten Wartungsinformationen der Hersteller, ortsbasierte Empfehlungen (für Tankstellen, Restaurants usw.), dynamische Stauprognosen oder Musikstreaming sein.
Nennen Sie fünf typische Instandhaltungs- und Servicearbeiten an der Elektrik und der Elektronik des Autos.	**Beispiele für typische Instandhaltungs- und Servicearbeiten an der Elektrik und der Elektronik:** – Kontrolle der Batteriekontakte auf Festigkeit und regelmäßiges Einfetten der Polkappen – Regelmäßige Überprüfung aller Beleuchtungskörper – Ggf. Überprüfung des Flüssigkeitsstandes und der Leistungsfähigkeit der Batterie – Kontrolle des Keilriemens der Lichtmaschine auf Spannung und Zustand – Abfrage von Fehlercodes durch Diagnosecomputer
Was verstehen Sie unter Komfort- und Assistenzsystemen?	**Komfort- und Assistenzsysteme** dienen dem Komfort der Fahrzeuginsassen und bieten zudem noch einen allgemeinen Sicherheitsaspekt. Steht z. B. bei den elektrischen Fensterhebern, einer Einparkhilfe oder einer sich elektrisch öffnenden Heckklappe der Aspekt Komfort im Fokus, so dienen z. B. der vorausschauende Notbremsassistent, der Spurwechselassistent oder der Müdigkeitswarner in erster Linie der Sicherheit der Insassen.
Erläutern Sie die Funktionsweise des Antiblockiersystems (ABS).	Blockierende Reifen haben den Nachteil, dass das Fahrzeug nicht mehr zu lenken ist. Deshalb kommt heute das **ABS (Anti-Blockier-System)** zum Einsatz. Beim Anti-Blockier-System überwachen Sensoren die Geschwindigkeit der Reifen. Sollte eines von ihnen zum Stillstand kommen, wird über ein Steuergerät der Bremsdruck so lange reduziert, bis das Rad sich wieder dreht. Der Bremsdruck jedes einzelnen Rades wird entsprechend seiner Haftfähigkeit auf der Fahrbahn so geregelt, dass ein Blockieren der Räder verhindert wird. Dadurch bleibt das Fahrzeug jederzeit lenkbar und Hindernissen kann trotz des Bremsvorganges ausgewichen werden, denn nur rollende Räder sind lenkfähig und können Seitenkräfte übertragen.
Erläutern Sie die Funktionsweise des elektronischen Stabilitätsprogramms.	Bei einem **elektronischen Stabilitätsprogramm (ESP)** messen Sensoren, wenn das Auto in Kurven zum Rutschen neigt. Dabei werden die Räder einzeln abgebremst, bis das Fahrzeug wieder eine stabile Straßenlage erreicht hat. Sowohl Über- als auch Untersteuern werden so vermieden.

2.4 Antriebstechnologie

Beschreiben Sie das Viertaktprinzip bei einem Motor.	Verbrennungsmotoren arbeiten in einem sich wiederholenden **Zyklus**, der aus den folgenden **vier Arbeitsschritten** besteht: 1. Ansaugen 2. Verdichten 3. Arbeiten 4. Ausstoßen
Welche Kraftstoffe können bei einem Verbrennungsmotor zum Einsatz kommen?	Die Automobilhersteller setzen hauptsächlich auf **Otto- (Benzin-) oder Dieselmotoren.** Mittlerweile werden aber auch immer häufiger Flüssiggas (LPG), Erdgas (CNG), Biotreibstoff und Wasserstoff dazu genutzt, durch Verbrennung den Motor anzutreiben.
Wozu dient das Öl im Motor?	Damit sich die Kolben nicht an der Zylinderwand festfressen, benötigt der Motor ein **Schmiermittel**. Überall, wo metallischer Kontakt zwischen sich bewegenden Teilen im Motor auftreten kann (z. B. Scherkräfte im Nockenwellenbereich), soll Öl dies verhindern.
Was sind Additive?	**Additive** sind **chemische Zusatzstoffe,** die die Schmier- und Kühleigenschaften des Öls über einen langen Zeitraum aufrechterhalten sollen. Sie binden Stoffe, die durch die Verbrennung oder von außen in das Öl gelangen. Diese Stoffe sind z. B. Wasser, Schmutz und durch die Verbrennung entstandene Säuren.
Erklären Sie den Begriff „Viskosität".	Die Viskosität kennzeichnet die **Zähflüssigkeit** einer Flüssigkeit oder eines Gases. Mit steigender Viskosität steigt auch die Dickflüssigkeit.
Erläutern Sie die Funktion der Ventile und der Nockenwelle im Motor.	**Ventile** Sie sind die „Türen" zum Zylinder. Ein Zylinder benötigt mindestens zwei Türen: Die eine Tür öffnet sich, um das Kraftstoff-Luft-Gemisch in den Zylinder einströmen zu lassen; während der anschließenden Verdichtung und Explosion im Zylinder bleiben beide Türen verschlossen. Die zweite Tür wird geöffnet, um die Abgase aus dem Zylinder entweichen zu lassen. Um das Gemisch schneller in den Zylinder strömen oder die Abgase entweichen zu lassen, kann die Anzahl der „Türen" bzw. Ventile erhöht werden. **Nockenwelle** Die Nockenwelle steuert die Ventile. Angetrieben von der Kurbelwelle, welche die durch das Verbrennen des Kraftstoff-Luftgemischs entstehende Kraft in Form einer Drehbewegung überträgt, öffnet die Nockenwelle zum richtigen Zeitpunkt die richtigen Ventile.
Welche Aufgabe hat der Katalysator?	Bei Verbrennung des Kraftstoffs entstehen Abgase mit umweltschädlichen Stoffen. Mithilfe von **Katalysatoren** wird der Schadstoffausstoß verringert. Der Katalysator wandelt die giftigen Abgase in ungiftige Substanzen, Wasser, Kohlenstoffdioxid (CO_2) und Stickoxid, um.

Was kennzeichnet einen Hybridantrieb?	Bei einem **Hybridantrieb** werden unterschiedliche Techniken miteinander kombiniert. So wird beispielsweise ein klassischer Ottomotor mit einem elektrischen Antrieb verbunden. Das Fahrzeug fährt elektrisch, kann aber auch, falls es gewünscht oder erforderlich ist, auf einen Benzinantrieb umschalten.
Wie funktioniert ein Elektrofahrzeug?	Ein **Elektrofahrzeug** wird angetrieben durch elektrische Energie. Sie wird über eine Batterie (aktuell in der Regel Lithium-Ionen-Zellen) in den Motor eingespeist. Elektroautos fahren emissionsfrei, jedenfalls dann, wenn die Energie für den Fahrstrom aus Solar-, Wind- oder Wasserkraft bzw. aus Biomasse stammt. Das Auftanken erfolgt an E-Tankstellen oder Ladestationen.
Erklären Sie kurz das Prinzip einer Brennstoffzelle.	Auf Batterien kann man verzichten, wenn der Strom im Fahrzeug produziert wird. Diese Möglichkeit bietet die **Brennstoffzelle,** die Wasserstoff und Sauerstoff zu Wasser umwandelt und den bei der Reaktion freiwerdenden Strom zur Verfügung stellt. Dieses Konzept bietet die Möglichkeit, die erforderliche Energie jederzeit nachzutanken.

2.5 Aktive und passive Fahrzeugsicherheit

Unterscheiden Sie aktive und passive Sicherheitssysteme voneinander.	Bei den **aktiven Sicherheitssystemen** handelt es sich um Elemente, die dabei helfen, Unfälle zu vermeiden: z. B. ABS, ESC, intelligente Lichtsysteme (Scheinwerfer).
	Bei den **passiven Sicherheitssystemen** geht es darum, dass die Folgen bei einem Unfall so gering wie möglich ausfallen: Gurtsystem, Knautschzone, Sicherheitslenksäule, Airbag usw.
Welchen Vorteil bietet eine geteilte Lenksäule bei einem Unfall?	In vergangenen Jahrzehnten waren Fahrzeuge mit einer starren Lenksäule ausgestattet. Diese feste Verbindung zwischen der Front des Fahrzeugs und dem Fahrgastraum hatte die schlechte Eigenschaft, bei einem Aufprall das Lenkrad dem Fahrer entgegenzudrücken. Die Folge waren schwere Verletzungen. Aus diesem Grunde sind heutige **Lenksäulen geteilt** und so ausgelegt, dass sie bei einem Unfall abknicken und nicht mehr in den Innenraum eindringen können.

3 An Diagnose-, Wartungs-, Service- und Reparaturarbeiten mitwirken

3.1 Diagnose an Fahrzeugen

Wie ist der Kunde in die Fahrzeugannahme einzubinden?	Die Abgabe des Fahrzeugs durch den Kunden sollte im Rahmen einer Dialogannahme erfolgen, damit dem Kunde erste Auffälligkeiten mitgeteilt werden können und das weitere Vorgehen besprochen werden kann. Im Zweifelsfall sollte zusätzlich eine Probefahrt mit dem Kunden vorgenommen werden.
Geben Sie drei Beispiele, welche Prüf- und Diagnosegeräte in der Werkstatt zum Einsatz kommen.	In der Werkstatt kommen **vielfältige Prüf- und Testgeräte** zum Einsatz. So kann z. B. mit einem Steuergerätediagnosesystem der Fehlerspeicher eines Fahrzeugs ausgelesen werden, die Scheinwerferprüfung digital mit einem Scheinwerfer-Einstellgeräte erfolgen oder mit einem Abgas-Messsystem eine Emissions-Analyse durchgeführt werden.

3.2 Wartungsdienst

Ist ein Kunde gesetzlich dazu verpflichtet, eine Inspektion an seinem Fahrzeug durchführen zu lassen?	Ein Kunde ist **gesetzlich nicht dazu verpflichtet, Inspektionen durchführen zu lassen.** Hersteller schreiben diese aber vor, wenn Kunden ihre Garantieansprüche erhalten möchten. Auch zeigen Hersteller und Autohäuser eine größere Kulanz bei Reparaturaufträgen, wenn bei den jeweiligen Fahrzeugen die Inspektionsintervalle regelmäßig eingehalten wurden. Gesetzlich vorgeschrieben ist lediglich die amtliche Fahrzeugüberwachung: TÜV.
Die Wartung eines Fahrzeugs nach Serviceplan gehört mit zu den häufigsten Aufgaben in einer Werkstatt. Was ist dabei zu beachten?	Ein wichtiges Dienstleistungsangebot, das ein Autohaus seinen Kunden offerieren muss, sind **Inspektionen.** Dieses Angebot bindet „alte" Kunden an das Autohaus, zieht neue Kunden an, führt zu einer besseren Auslastung der Werkstattkapazität, zu einem erhöhten Umsatz und somit zu einem höheren Gewinn.
	Bei Inspektionen gibt es hinsichtlich der **Wartungsintervalle** von Hersteller zu Hersteller große Unterschiede. Die kleine Inspektion beinhaltet nur kleinere Wartungsarbeiten. Die große Inspektion schließt eine Vielzahl von Maßnahmen ein und dient dazu, Mängel am Auto frühzeitig zu erkennen sowie Folgeschäden und hohe Reparaturkosten zu vermeiden. Welche Arbeiten im Rahmen einer Inspektion zu erledigen sind, gibt der jeweilige Serviceplan des Herstellers vor.

Werkstattprozesse

Zur Wahrung von Gewährleistungs-, Garantie- und Kulanzansprüchen schreiben Hersteller die Durchführung einer kleinen und einer großen Inspektion vor: a) Zu welchem Zeitpunkt werden diese in der Regel vorgeschrieben? b) Welche Arbeiten sind im Rahmen einer kleinen und großen Inspektion von einem Autohaus durchzuführen?	**Serviceleistung**	**Zeitpunkt**	**Durchzuführende Arbeiten (Beispiele)**
	kleine Inspektion	nach jeweils 12 Monaten bzw. 15 000 km	allgemeine Durchsicht (Rost, Undichtigkeiten), Funktionsprüfung von Licht, Bremsen, Lenkung, Rädern, Scheibenwischern u. -waschanlage, Öl-, Ölfilterwechsel; Prüfung, ob Fahrzeug unter Rückruf fällt
	große Inspektion	nach jeweils 24 Monaten bzw. 30 000 km	zusätzlich zu oben: Zündkerzenwechsel bei Benzinmotoren, Luftfilterwechsel, weitergehende Wartungsarbeiten an Motor und Getriebe; unter Umständen Zahnriemenwechsel
	Die **Inspektionsintervalle** betragen üblicherweise 15 000 km bzw. 12 Monate, je nachdem, was zuerst erreicht ist; bei neueren Fahrzeugen können sie durchaus bei bis zu 30 000 km bzw. 24 Monaten liegen.		
Muss ein Kunde die fällige Inspektion in seiner Vertragswerkstatt durchführen lassen, um seine Garantieansprüche gegenüber dem Hersteller aufrechtzuerhalten?	Nein, der Bundesgerichtshof hat entschieden, dass diese Vertragsklausel unzulässig ist, da die Hersteller damit ihre wirtschaftliche Position ausnutzen. Nach der GVO sind die Hersteller verpflichtet, ihr Wartungs-Know-how und die entsprechenden Diagnose-Geräte an interessierte freie Werkstätten weiterzugeben, die entsprechende Qualitätskriterien erfüllen und Kosten tragen. Somit ist gewährleistet, dass Inspektionen, die bei freien bzw. nicht Vertragswerkstätten durchgeführt werden, den Qualitätsstandards der Hersteller entsprechen.		
Erklären Sie den Begriff „Gewährleistung".	Unter **Gewährleistung** versteht man die im **BGB** geregelte gesetzliche Verpflichtung eines Schuldners, für die Mangelfreiheit einer Sache einzustehen.		
Unterscheiden Sie die vorrangigen und nachrangigen Rechte im Rahmen der Gewährleistung.	Liegt ein Sachmangel vor, kann der Käufer vorrangig **Nacherfüllung** verlangen (§ 439 BGB). Dabei kann der Kunde zwischen Mängelbeseitigung und Ersatzlieferung wählen. Fallen für die Nacherfüllung Aufwendungen an (z. B. Transport-, Wege-, Arbeits- und Materialkosten), so trägt diese der Verkäufer (§ 439 [2] BGB). Jedoch kann der Verkäufer die vom Käufer gewählte Art der Nacherfüllung verweigern, wenn sie nur mit unverhältnismäßig hohen Kosten möglich wäre. Das ist etwa dann der Fall, wenn auf die andere Art der Nacherfüllung ohne erhebliche Nachteile für den Käufer zurückgegriffen werden kann (§ 439 [3] BGB). Verweigert der Verkäufer die Nacherfüllung oder schlägt diese fehl – eine Nachbesserung gilt dabei im Allgemeinen nach dem erfolglosen zweiten Versuch als fehlgeschlagen, wenn es sich um jeweils den gleichen Fehler handelte –, so kann der Käufer vom Vertrag zurücktreten (§ 440 BGB) oder den Kaufpreis mindern (§ 441 BGB) (nachrangiges Recht).		

Werkstattprozesse

	Zusätzlich kann der Käufer den Ersatz des durch die Pflichtverletzung entstandenen Schadens verlangen (§ 280 BGB). Schadenersatz statt der Leistung kann der Käufer verlangen, wenn der Schuldner (nach einer angemessenen Fristsetzung) die Leistung nicht erbracht hat. Die Fristsetzung kann entfallen, wenn der Schuldner die Leistung verweigert. Hinzu kommt der Ersatz vergeblicher Aufwendungen.
Wann liegt ein Sachmangel vor?	Ein **Sachmangel** liegt vor, wenn eine Sache zum Zeitpunkt des Gefahrenübergangs nicht die vereinbarte Beschaffenheit hat. Zu der Beschaffenheit gehört auch die Übereinstimmung einer Sache mit Aussagen des Herstellers in der Werbung. Ein Sachmangel ist also auch dann gegeben, wenn ein Produkt nicht die Werbeaussagen des Herstellers oder Händlers erfüllt. Ebenfalls liegt ein Sachmangel vor, wenn die vereinbarte Montage durch den Verkäufer unsachgemäß durchgeführt worden oder die Montageanleitung mangelhaft ist (häufig als „IKEA-Klausel" bezeichnet). Sachmängeln gleichgestellt sind die Lieferung einer anderen als der vereinbarten Sache sowie die Lieferung einer zu geringen Menge.
Nennen Sie die unterschiedlichen Zeiträume für die Gewährleistung und gehen Sie dabei auch auf die Besonderheit im Zusammenhang mit Austausch- und Gebrauchtteilen ein.	Seit der Schuldrechtsreform aus dem Jahre 2002 gilt in Deutschland grundsätzlich eine **Gewährleistungspflicht von zwei Jahren.** Allerdings ist es einem Unternehmer gestattet, diese Frist beim Verkauf seines Produktes an einen anderen Unternehmer auf ein Jahr zu begrenzen; bei gebrauchten Artikeln ist zwischen Unternehmern sogar der Ausschluss der Gewährleistung möglich, beim Verkauf an Privatpersonen (Verbrauchsgüterkauf) eine Reduzierung auf ein Jahr. Diese Verkürzung der Fristen kann individuell vereinbart werden, sie gilt aber auch, wenn sie in den AGB des Verkäufers enthalten ist. Auf Austauschteile und Gebrauchtteile muss die übliche Gewährleistung von zwei Jahren gegeben werden, die jedoch, da es sich um gebrauchte Teile handelt, auf ein Jahr reduziert werden kann.
Unter welcher Voraussetzung wird ein Mangel im Rahmen der Gewährleistung anerkannt?	Das BGB sieht vor, dass für fehlerhafte Produkte in den ersten zwei Jahren nach Übergabe des Artikels die **Gewährleistung** gilt, wenn der Fehler schon bei Übergabe des Produktes bestanden hat.
Erklären Sie den Begriff „Garantie".	Unter **Garantie** versteht man die vertraglich geregelte Verpflichtung des Herstellers oder Händlers, für den vereinbarten Zeitraum die Kosten für die Beseitigung der im Vertrag beschriebenen Mängel zu übernehmen. Selbstverständlich kann durch eine solche Garantie die gesetzliche Pflicht zur Gewährleistung nicht eingeschränkt werden (§ 477 BGB). Garantien gibt es beispielsweise als Neuwagengarantie, Neuwagenanschluss-, Gebrauchtwagen- und Mobilitätsgarantie.

Werkstattprozesse

Der Kunde hat zeitgleich Ansprüche aus der Gewährleistung und aus der Garantie. Welchen Vorteil bietet die Gewährleistung und welchen Vorteil bietet die Garantie dem Kunden?	**Gewährleistung** bietet das nachrangige Recht Rücktritt vom KV oder Preisminderung. Diese Rechte bietet die Garantie im Allgemeinen nicht. Im Rahmen der **Garantie** werden dafür aber auch Mängel behoben, die erst nach der Übergabe entstehen, ggf. wird der Kunde aber an Materialkosten beteiligt.
Was versteht man unter „Kulanz"?	Leistet ein Hersteller oder Händler über den gesetzlich geregelten Zeitraum (Gewährleistung) oder vertraglich vereinbarten (Garantie) hinaus **freiwillig Ersatz für die Beseitigung von Mängeln,** so spricht man von **Kulanz.** Kulanz dient dem Aufbau eines „guten Rufs" und ist somit ein Instrument zur Kundenbindung. Je nach Alter und Laufleistung des Fahrzeugs wird entschieden, inwieweit Kulanz gewährt werden kann. Entsprechende Listen des Herstellers geben Auskunft über die Höhe der Kulanz, die dort als Prozentsatz angegeben ist. In diesen Fällen holt sich das Autohaus die Kosten für dieses Entgegenkommen komplett oder zu einem großen Teil vom Hersteller zurück.
Grenzen Sie die Begriffe Gewährleistung, Garantie und Kulanz voneinander ab, indem Sie auf folgende Fragen antworten: a) Wem gegenüber macht der Kunde seine Ansprüche geltend? b) Innerhalb welcher Frist muss der Kunde seinen Anspruch geltend machen? c) Welche Rechte hat der Kunde? d) Ist die Leistung gesetzlich oder vertraglich geregelt?	(siehe Tabelle unten)
Wer trägt die Kosten, z. B. Transportkosten der Neulieferung, im Rahmen der Gewährleistung?	Die **Neulieferung** defekter Waren für den Verbraucher ist kostenlos. Also muss der Händler beispielsweise die Transportkosten tragen und er darf vom Käufer keine Entschädigung für die bisherige Nutzung des Geräts verlangen.

	Gewährleistung	Garantie	Kulanz
Vertragspartner/ Ansprechpartner des Kunden	Händler	Hersteller	Händler/Hersteller
Dauer der Ansprüche	2 Jahre, in den ersten 6 Monaten Beweislastumkehr	unterschiedlich, meist 2 Jahre; aber auch 5, 6, 7 Jahre oder lebenslang möglich	wird kurzzeitig nach Ablauf der Garantie angeboten
Rechte	Vorrangiges Recht: Nacherfüllung (Neulieferung oder Nachbesserung) Nachrangiges Recht: Preisminderung oder Rücktritt vom Kaufvertrag; bei Verschulden u. a. auch Schadenersatz	Die Art der Mängelbeseitigung bleibt ganz dem Hersteller überlassen, sodass der Käufer in den meisten Fällen keinen Anspruch auf Neulieferung oder Minderung des Kaufpreises hat. Beschädigte Ersatzteile können demnach auch repariert statt ausgetauscht werden.	Keine; freiwillige Leistung; Kulanz wird nach Tabellen des Herstellers gewährt, in denen das Alter und die Laufleistung eines Fahrzeugs berücksichtigt werden und worin zum Teil eine prozentual gestaffelte Beteiligung des Kunden vorgesehen ist.
Vertragliche oder gesetzliche Ansprüche	gesetzlich	vertraglich	weder vertragliche noch gesetzliche Ansprüche; Leistung wird freiwillig erbracht mit dem Ziel der Kundenbindung

Wann darf ein Autohaus eine Nutzungsentschädigung für gefahrene Kilometer vom Kunden verlangen und wie hoch darf diese sein?	Ein Autohaus darf eine **Nutzungsentschädigung** für die gefahrenen Kilometer verlangen, wenn ein Kunde ein Fahrzeug im Rahmen der Gewährleistung zurückgibt, ohne dass ein Ersatz geliefert wird.
Wie berechnet sich die Nutzungsvergütung?	Für die **Berechnung der Nutzungsvergütung** wird von den Gerichten regelmäßig auf folgende Faustformel zurückgegriffen: $$\text{Gebrauchsvorteil} = \frac{\text{Bruttoverkaufspreis} \cdot \text{gefahrene km}}{\text{erwartete Gesamtfahrleistung}}$$ Bis zum Jahr 2005 sind die Gerichte dabei meist von einer erwarteten Gesamtfahrleistung von 150 000 km ausgegangen, wodurch sich ein Gebrauchsvorteil in Höhe von 0,67 % des Kaufpreises pro gefahrenen 1 000 km ergab. Angesichts der sich wandelnden Technik und der damit verbundenen Verbesserung der Fahrzeugqualität wichen jedoch immer mehr Gerichte von der zugrunde gelegten Gesamtfahrleistung ab. Heutzutage veranschlagen die Gerichte meist Fahrleistungen zwischen 200 000 km und 300 000 km, was zu Gebrauchsvorteilssätzen von 0,5 % pro gefahrene 1 000 km bis 0,33 % pro gefahrene 1 000 km führt.
Welche Kritik ist an der Berechnungsmethode zur Nutzungsvergütung zu üben?	Die üblicherweise praktizierte Abzugsmethode wird dem besonders hohen Anfangsverlust bei einem Neuwagen nicht gerecht werden. Daher sprechen vereinzelte Gerichte den Autohäusern eine höhere Entschädigung zu. Den höheren Aufwand für den Nutzer rechtfertigen die Gerichte damit, dass sie diesen Anfangsverlust auch bei einem mangelfrei gelieferten Fahrzeug gehabt hätten und deshalb bei einer Rückabwicklung des Kaufvertrags dieser Wertverlust nicht zulasten des Verkäufers gehen könne.
Was besagt das Produkthaftungsgesetz?	Das **Produkthaftungsgesetz** regelt, dass der Produkthersteller unabhängig von seinem eigenen Verschulden für die Schäden verantwortlich ist, die durch sein fehlerhaftes Produkt an anderen Sachen verursacht werden. Dies muss man als Verbraucher allerdings nachweisen. Bei der gesetzlichen Produkthaftung handelt es sich um eine Gefährdungshaftung. Dabei ist nicht das Verschulden des Herstellers relevant, welcher ein gefährliches Produkt in Umlauf bringt. Die gefährliche Handlung, aus der sich die Haftung des Herstellers ableitet, ergibt sich durch das Inverkehrbringen des Produktes und der sich daraus ergebenden Gefahr für bestimmte Rechtsgüter.
Wann greift das Produkthaftungsgesetz?	**Produkthaftungsgesetz greift dann,** wenn – das Produkt einen Fehler aufweist; – das Leben, die Gesundheit oder das Eigentum durch den Produktfehler beschädigt werden; – der Schaden auf den Produktfehler zurückgeführt werden kann.

Welche Schäden deckt die Produkthaftung ab?	**Abdeckung der Produkthaftung:** – Personenschäden sind vom Hersteller bis zu einer Höhe von 85 Mio. € zu ersetzen. – Seit 2002 ist es auch möglich, Schmerzensgeldansprüche geltend zu machen. – Sachschäden müssen nur ersetzt werden, soweit andere Sachen als das Produkt selbst beschädigt wurden. – Der Geschädigte hat eine Eigenbeteiligung in Höhe von 500,00 € zu tragen. – Bei der Haftung für Sachschäden gibt es keine Obergrenze.
Was ist ein Rückruf und warum führen Hersteller diesen durch?	Wenn mehrere Autos des gleichen Typs einer Produktionsreihe ein größeres technisches Problem haben und damit ein hohes Sicherheitsrisiko im Verkehr darstellen, **werden alle Autos dieser Produktionsreihe vom Hersteller** zur Überprüfung und nötigenfalls Reparatur **in die Werkstatt zurückgeholt.** Damit möchten die Hersteller die Produkthaftung vermeiden.
Welche Gründe führen zu der stetig steigenden Zahl an Rückrufen?	**Gründe für steigende Zahl von Rückrufen:** – Die Produktionszeiträume werden immer kürzer. – Der Kostendruck wird immer größer. – Die Einsatzbedingungen beim Kunden sind viel komplexer, als es die Testreihen und Testfahrten der Hersteller simulieren können. – Das Qualitätsmanagement ist nicht ausreichend. – Die Bereitschaft der Hersteller wächst, lieber einen Rückruf zu starten, als sich nach dem Produkthaftungsgesetz strafbar zu machen.
Welchen Nachweis erhält der Kunde für eine durchgeführte Wartung/Inspektion?	Neben der **Rechnung,** die Aufschluss über die ausgeführte Leistung gibt, erfolgt die Eintragung einer Inspektion in das **Serviceheft** des Fahrzeugs. Die Voraussetzung für die Gewährung der Garantie ist das Einhalten regelmäßiger Inspektionen und Wartungsarbeiten, die ausführlich im Fahrzeug-Serviceheft dokumentiert werden müssen, sowie eine entsprechende Pflege des Fahrzeugs durch den Halter. Der Halter erhält im Rahmen entsprechender Prüfungen auch immer **Protokolle und Dokumente der Fehlerermittlung.**

3.3 Reparaturarbeiten

Nennen Sie sechs Gründe für einen Werkstattaufenthalt eines Fahrzeugs.	Die **Gründe für einen Werkstattaufenthalt** lassen sich in die folgenden Kategorien unterteilen: – Wartung und Inspektion – Durchsicht vor der Hauptuntersuchung – Reparaturen – Unfallgeschäft – Arbeiten im Rahmen von Rückrufen, Garantie- und Gewährleistungsarbeiten – Wiederherstellen der Betriebs- und Verkehrssicherheit – Reifen- und Räderwechsel bzw. -einlagerung – zeitwertgerechte Reparaturen – verschiedenste Checks, wie Winter-, Urlaubs-, Lichtcheck
Welche Ertragschancen bietet die Unfallabwicklung für das Autohaus?	Ertragschancen durch Unfallabwicklung: – Es kann einen Komplettservice rund ums Auto anbieten und sich so gegenüber seinen Kunden als kompetenter Partner profilieren. – Die Werkstatt kann aktiv Zusatzgeschäfte generieren, indem sie den Kunden beispielsweise auf dringend notwendige Reparaturen oder verschlissene Teile aufmerksam macht. – Die Erträge in der Werkstatt steigen ebenso wie die aus dem Teileverkauf. – Das Autohaus kann vielfach dem Kunden auch ein neues Fahrzeug anbieten. – Der Kunde wird so stärker ans Unternehmen gebunden.

3.4 Prüfen von Füllmengen

Welche Arbeiten werden im Rahmen der üblichen Checks (Winter-, Urlaubs-, Lichtcheck) üblicherweise durchgeführt?	Bei diesen Checks wie auch bei einer kleinen Inspektion werden bestimmte Teile am Auto überprüft und gegebenenfalls instand gesetzt. Hierzu gehören etwa die Überprüfung von Ölstand und Luftfilter oder die Kontrolle des Kühlerwassers, die Zustandsüberprüfung und das Nachfüllen der Reifen.

3.5 Korrigieren von Füllständen

Was ist bei dem Korrigieren von Füllständen im Rahmen einer Inspektion oder eines Checks zu beachten?	Vor allem sind Sicherheits- und Umweltaspekte zu beachten: Motor- und Getriebeöl, Batteriesäure oder Kühlerwasser müssen beim Ablassen aufgefangen und sachgerecht entsorgt werden; das Nachfüllen hat so zu erfolgen, dass keine Flüssigkeiten verschüttet werden und nichts beschmutzt wird; die Arbeiten sind mit der entsprechenden Schutzkleidung auszuführen.

4 Bei der Beanstandungs- und Schadensaufnahme mitwirken

4.1 Vorgehensweise bei der Schadensaufnahme

Schildern Sie den Ablauf des Serviceangebots: „Full-Service-Unfallabwicklung".	Ablauf einer Full-Service-Unfallabwicklung: – Nachdem das verunfallte Fahrzeug in der Werkstatt eingetroffen ist, gilt es zunächst, den Fahrer zu beruhigen und alle notwendigen Informationen zum Unfallhergang zu erfragen. Der Unfallhergang ist wichtig für die Klärung der Schuldfrage, nach der sich die Schadensregulierung bestimmt. – Wenn der Kunde sich mit den notwendigen Formalitäten nicht selbst auseinandersetzen will, beauftragt er – falls erforderlich – den Kfz-Betrieb, einen Sachverständigen zu bestellen. – Der Kunde beauftragt die Werkstatt, das Auto instand zu setzen. – Des Weiteren unterzeichnet er meist bereits jetzt die Reparaturkostenübernahmebestätigung und/oder die Sicherungsabtretung. Sobald die Schuldfrage geklärt ist und die Versicherung sich bereit erklärt hat, die anfallenden Kosten zu übernehmen, bestellt der Kfz-Betrieb den Gutachter. – Sollte die Werkstatt im Laufe der Instandsetzung notwendige Abweichungen vom Gutachten erkennen, so bietet sich eine Nachbesichtigung des Sachverständigen und damit eine Erlaubnis auf Reparaturerweiterung an, damit der Kfz-Betrieb später bei der Rechnungslegung nicht einen Teil der Kosten dem Kunden direkt in Rechnung stellen muss, falls die Versicherung sich weigert zu zahlen. Der Sachverständige schickt dann innerhalb von zwei Tagen das Gutachten an den Kfz-Betrieb, der dieses zusammen mit der Reparaturkostenübernahmebestätigung an die Versicherung weiterleitet. – Nach Abschluss der Reparatur wird eine Rechnung erstellt. Adressat der Rechnung ist der Auftraggeber, also der Kunde. Allerdings erhält die Versicherung, wenn sie die Bezahlung übernimmt, die Originalrechnung und der Kunde eine Kopie. – Damit der Sachbearbeiter der Versicherung weiß, was der Betrieb von der Versicherung konkret verlangt, muss dieser seine Forderungen im Einzelnen in einem kurzen Begleitschreiben auflisten. – Wenn bei der Instandsetzung keine verdeckten Schäden zutage getreten sind, wird die Rechnung weitestgehend mit dem Gutachten übereinstimmen. Sollte der Rechnungsbetrag den im Gutachten veranschlagten Betrag erheblich (d. h. um mehr als 10 %) übersteigen, wird die leistungspflichtige Versicherung eine Rechnungsprüfung durchführen. Kann der Reparaturbetrieb nachweisen, dass die Abweichungen im Sinne einer fachmännisch einwandfreien Reparatur notwendig waren, bezahlt die Versicherung diesen höheren Betrag. Andernfalls muss sich der Reparaturbetrieb einen entsprechenden Abzug gefallen lassen. – Die Bezahlung der Rechnung obliegt dem Kunden, wenn die auch von der Versicherung unterschriebene Reparaturkostenübernahmebestätigung oder eine mündliche Zusicherung jetzt (noch) nicht vorliegt. Falls weder der Kunde noch die Versicherung zahlen wollen, wird der Reparaturbetrieb das Auto einbehalten, sofern ihm der Kunde nicht persönlich bekannt ist.

Was besagt das Rechtsdienstleistungsgesetz (RDG)?	In Deutschland darf eine **Rechtsberatung** im engeren Sinne nur von Rechtsanwälten erteil werden. Das **Rechtsdienstleistungsgesetz (RDG)** hat im Jahr 2008 das bis dahin geltende Rechtsberatungsgesetz abgelöst.
Wieso kann ein Automobilkaufmann im Rahmen der Unfallabwicklung mit dem Rechtsdienstleistungsgesetz (RDG) in Konflikt geraten?	Kundengespräche im Rahmen der Unfallabwicklung bergen die Gefahr, mit dem Rechtsdienstleistungsgesetz in Konflikt zu geraten. Der Gesetzgeber hat klargestellt, dass ein Autohaus bei allen Angelegenheiten „beraten" darf, die mit der Mobilhaltung des Unfallbeteiligten zu tun haben und im eigentlichen Sinn das Betätigungsfeld eines Autohauses betreffen. Anders sähe es dagegen aus, wenn dieser Betrieb gegenüber der Versicherung den Nutzungsausfall, die Wertminderung oder gar das Schmerzensgeld für den Geschädigten geltend machen würde. Bei Letzterem ist der Verstoß gegen das RDG offensichtlich: Ein Kfz-Betrieb hat keinen wirtschaftlichen Vorteil davon, wenn der Kunde Nutzungsausfall oder Wertminderung anerkannt bekommt.
Bestimmte beratende Serviceleistungen darf der Kfz-Betrieb im Rahmen der Unfallabwicklung für den Kunden übernehmen, ohne gegen das RDG zu verstoßen. Welche Serviceleistungen sind das?	**Serviceleistungen im Rahmen der Unfallabwicklung:** – **Beauftragung eines Sachverständigen** Ein Kfz-Betrieb kann eigenständig einen Sachverständigen auswählen und beauftragen. Allerdings hat der Kunde die Pflicht, selbst mit dem Sachverständigen einen Vertrag abzuschließen. Der Sachverständige ist seinerseits verpflichtet, sich selbst um die Zahlung seiner Vergütung zu kümmern. Ein Autohaus ist nicht berechtigt, das Sachverständigenhonorar gegenüber der Versicherung geltend zu machen. Genauso wenig ist es einem Autohaus gestattet, dem Kunden einen bestimmten Sachverständigen zu empfehlen, der ein Gutachten im Interesse einer reibungslosen Unfallschadenregulierung erstellen würde. Die Werkstatt oder das Autohaus darf das Sachverständigengutachten für den Kunden an die Versicherung senden, wenn sie lediglich als Bote im Auftrag des Kunden tätig wird. Es ist also unbedenklich, wenn der Kfz-Betrieb das Gutachten zusammen mit der Reparaturkostenübernahmebestätigung an die Versicherung sendet. Allerdings: Die Werkstatt darf zusammen mit dem Gutachten keine Zahlungsaufforderung an die Versicherung senden. – **Mietwagen** In puncto Mietwagen ist zu berücksichtigen, dass der Geschädigte diesen selbst anmieten und einen entsprechenden Vertrag unterzeichnen muss. Kein Problem entsteht jedoch dann, wenn die Werkstatt selbst ein Mietwagen-Unternehmen betreibt und der Vertrag zwischen dem Geschädigten und dieser Firma zustande kommt. Ebenso ist es unbedenklich, wenn eine Fahrzeugreservierung unverbindlich bei einer anderen Vermietungsgesellschaft offeriert wird. Allerdings muss auch hier der Geschädigte direkt mit diesem Unternehmen den Vertrag abschließen. Wird ein drittes Mietwagen-Unternehmen eingeschaltet, darf die Werkstatt die Mietwagenkosten nicht gegenüber der Versicherung geltend machen. – **Abrechnung der Reparaturrechnung bei der Versicherung mithilfe der** Reparaturkostenübernahmebestätigung.

Wie sollte ein Serviceberater vorgehen, wenn im Laufe einer Inspektion oder Reparatur festgestellt wird, dass der ursprünglich veranschlagte und dem Kunden mitgeteilte Kostenrahmen überschritten wird?	Sollte sich während der Durchführung der Reparatur/Inspektion herausstellen, dass über diesen vereinbarten Umfang hinaus weitere Arbeiten notwendig sind und der genannte Kostenrahmen dadurch überschritten wird, ist eine **Zustimmung des Kunden zur Auftragserweiterung** erforderlich. Das „Okay" des Kunden für diese Arbeiten muss dann zum Beispiel telefonisch eingeholt werden. Eine Überschreitung des vorgegebenen Kostenrahmens um bis zu 15 % gilt als akzeptabel und kann vom Kunden in aller Regel nicht beanstandet werden.

5 Die umweltgerechte Entsorgung und das Recycling organisieren

5.1 Umweltgerechte Entsorgung von Fahrzeugen

Nennen Sie fünf Gesetze/ Verordnungen, die ein Autohaus im Rahmen des Umweltschutzes beachten muss.	– Kreislaufwirtschaftsgesetz – Verpackungsverordnung – Altfahrzeugverordnung – Altölverordnung – Batteriegesetz – Elektro- und Elektronikgerätegesetz
Was besagt die Altfahrzeugverordnung aus dem Jahr 2007?	Jeder Halter eines Fahrzeugs muss seit dem Jahr 2007 **das Fahrzeug am Ende der Nutzungsdauer kostenlos an den Hersteller oder Importeur zurückgeben** können. Dieser hat dafür zu sorgen, dass das Altfahrzeug einer anerkannten Annahmestelle oder einem Verwertungsbetrieb zugeführt wird. Ein Autohaus kann sich bei der zuständigen Kfz-Innung als Annahmestelle registrieren lassen.
Wie wird ein Autohaus Altautoannahmestelle?	Die Ausstellung eines Verwertungsnachweises kann nur ein anerkannter Verwertungsbetrieb übernehmen. Dieser kann jedoch eine Altautoannahmestelle mit der Aushändigung des Verwertungsnachweises beauftragen, sodass der Kunde direkt bei Abgabe seines Altfahrzeugs einen Nachweis erhalten kann. Damit ein Autohaus **Altautoannahmestelle** werden kann, muss zunächst ein Antrag bei der zuständigen Innung gestellt werden. Diese prüft dann, ob dem Antrag entsprochen werden kann (Bedingungen sind z. B. Zuverlässigkeit des Unternehmens, geeignete Gestaltung des Annahme-Bereitstellungsplatzes, ordentliche Dokumentation der Annahme von Altautos, Besuch der entsprechenden Seminare). Das Vorgehen bei der Anerkennung und Überprüfung ist bundeseinheitlich abgestimmt.
Was ist ein Verwertungsnachweis und was ist eine Verbleibserklärung?	Wird ein Fahrzeug vom Halter für mehr als 18 Monate abgemeldet, verlangt das Straßenverkehrsamt einen **Verwertungsnachweis** oder eine **Verbleibserklärung.** Den **Verwertungsnachweis** bekommt der Halter, wenn er das Fahrzeug bei einer anerkannten Annahmestelle oder einem Verwertungsbetrieb abgibt. Durch die fachgerechte Entsorgung dort ist gewährleistet, dass ein Altfahrzeug trockengelegt wird, ohne dass von Ölen und Kühl- oder Bremsflüssigkeiten eine Gefährdung für die Umwelt ausgeht. Danach wird das Fahrzeug demontiert, wobei brauchbare Teile weitergenutzt werden (Stichwort: zeitwertgerechte Reparaturen) und der Rest – soweit möglich – dem Recycling zugeführt wird.

	Mit der **Verbleibserklärung** bestätigt der Halter, dass er das Altfahrzeug ordnungsgemäß, vor allem also auch umweltgerecht, lagert, sodass davon keine Gefährdung ausgeht. Mögliche Gründe für eine Lagerung wären z. B., dass der Halter darauf spekuliert, das Fahrzeug später als Oldtimer mit Wertsteigerung veräußern zu können, oder dass ein Familienmitglied das Fahrzeug zu einem späteren Zeitpunkt weiternutzt. War das Fahrzeug allerdings länger als sieben Jahre abgemeldet, braucht der Fahrzeughalter zur Wiederzulassung ein Einzelgutachten.
Beschreiben Sie die Vorgehensweise bei der umweltgerechten Entsorgung von Altautos.	**Verfahrensschema zur umweltgerechten Entsorgung von Altautos** ↓ Annahme des Altautos und Eingangskontrolle ↓ Zwischenlagerung auf einem geeigneten Platz ↓ Trockenlegung (Entnahme von Kraftstoff, Öl, Wasser usw.) ↓ Demontage von Komponenten zur Wiederverwertung (Entnahme von Motor, Getriebe, Lichtmaschine usw.) ↓ Demontage von Komponenten zur Verwertung (Entnahme von Kunststoffteilen, Glas, Kat usw.) ↓ Zerkleinerung der Altkarosserie im Schredder (Trennung in Eisenschrott (verwertbar), Nicht-Eisen-Metallschrott (verwertbar) und Sonstiges (nicht verwertbar))
Was ist wesentlicher Bestandteil der Verordnungen und Gesetze, die ein Autohaus im Rahmen des Umweltschutzes beachten muss?	Alle diese Gesetze beinhalten im Prinzip eine **Rücknahmeverpflichtung** seitens der Hersteller, die über die Händler abgewickelt wird. Das bedeutet, dass ein Kunde immer dann, wenn er ein neues Produkt kauft, das alte Produkt bei diesem Händler abgeben kann oder der Händler den Kunden an eine Annahmestelle in zumutbarer Entfernung verweisen darf.
Welche Bestandteile müssen entsprechend der Altfahrzeugverordnung nach Herstellervorgaben umweltgerecht entsorgt werden? Geben Sie Beispiele.	Werden Altfahrzeuge bei einem Demontagebetrieb abgegeben, so müssen unmittelbar nach der Anlieferung verschiedene Komponenten durch geschultes Fachpersonal entnommen werden. Dabei handelt es sich z. B. um die Batterien oder Betriebsflüssigkeiten. Bei Komponenten wie z. B. einem Airbag, Katalysator oder Flüssiggastank sind zudem die entsprechenden Vorgaben der Hersteller zu beachten. Neben einer umweltgerechten Entsorgung der Teile kann auch – im Sinne des Recyclings – eine weitere Verwendung als Ersatzteil möglich sein.

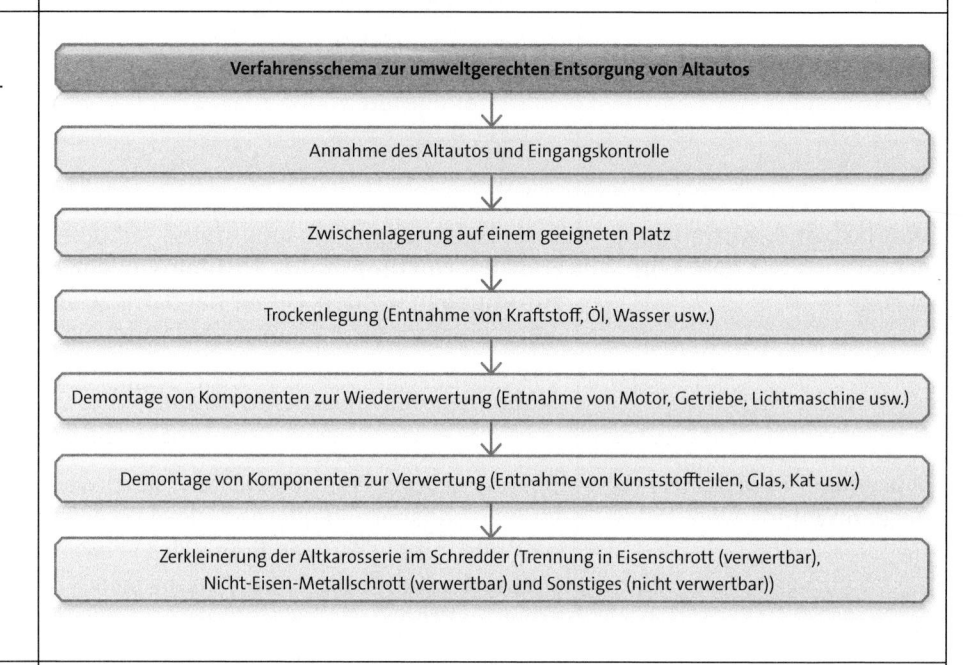

5.2 Umweltgerechte Entsorgung von Gefahrstoffen

Ordnen Sie den unterschiedlichen Rettungszeichen die dazugehörigen Farben zu: – Brandschutzzeichen – Gebotszeichen – Rettungszeichen – Verbotszeichen – Warnzeichen	– Brandschutzzeichen – rot – Gebotszeichen – blau – Rettungszeichen – grün – Verbotszeichen – weiß mit rotem Rand – Warnzeichen – gelb
Nennen Sie drei Maßnahmen, die in einer Werkstatt zur Sicherstellung von Umweltschutz und Sicherheit am Arbeitsplatz ergriffen werden müssen.	– Ölabscheider in der Werkstatt – geschlossene Lackierkabine mit Abluftfilter – Abgas-Abführung aus der Werkstatt
Welche gesetzlichen Umweltschutz- und Sicherheitsbestimmungen kennen Sie? Nennen Sie einige Beispiele.	**Beispiele für Umweltschutz- und Sicherheitsbestimmungen:** – Gefahrstoffverordnung – Chemikaliengesetz – Wasserhaushaltsgesetz – Verordnung über brennbare Flüssigkeiten
Warum sollten auch die lieferanten- und herstellerbezogenen Vorgaben zur umweltgerechten Entsorgung von Gefahrstoffen beachtet werden?	Durch eine nicht sachgerechte Entsorgung können erhebliche Gefahren für die Umwelt und Mitarbeiter entstehen. Werden beispielsweise Betriebsflüssigkeiten unsachgemäß auf dem eigenen Betriebsgelände entsorgt, so kann dies das Grundwasser verunreinigen, was nicht nur zu Umweltproblemen führen, sondern auch gesundheitliche Folgen mit sich bringen kann. Auch die Demontage von Airbags kann gefährlich werden, wenn sich nicht an herstellerbezogene Vorgaben gehalten wird. Insbesondere von den pyrotechnischen Komponenten geht bei unsachgemäßer Handhabung eine erhebliche Gefahr aus.

6 Qualitätsvorgaben im Kundenservice anwenden

6.1 Kundenorientierung

Welche Tipps können Sie Kunden geben, damit diese aktiv den Wert ihres Fahrzeugs erhalten können?	Geben Sie den Kunden wichtige **Tipps** und Informationen im Hinblick auf **Wartung und Pflege.** Verweisen Sie zudem auf die **Garantien** der verbauten Ersatzteile, z. B. nach getätigten Reparaturen. Darüber hinaus bieten sich auch Tipps zur **Fahrsicherheit** oder zum **sparsamen Fahren** an. Ein monatlich erscheinender Newsletter des Autohauses kann dafür ein passendes Format sein.
Welchen Schutz bietet eine Mobilitätsgarantie?	Eine **Mobilitätsgarantie** ist für den Kunden quasi ein „Rundum-Sorglos-Paket" im Falle einer Panne. Hat der Kunde eine Panne, so kann er auf verschiedene, herstellerabhängige und kostenlose Leistungen zurückgreifen (z. B. Soforthilfe vor Ort, Abschleppen, Ersatzwagen, Hilfe bei Unfällen). Zwar ist die Mobilitätsgarantie in der Regel zeitlich oder im Hinblick auf die Laufleistung begrenzt. Hält sich der Kunde aber an die vom Hersteller empfohlenen Wartungsintervalle und lässt er die Inspektionen in einer Vertragswerkstatt durchführen, dann hat der Kunde auch weiterhin Anspruch auf die Mobilitätsgarantie des Herstellers.
Mit welchen Erwartungen kommt ein Kunde in eine Werkstatt?	Grundsätzlich sollten folgende **Erwartungshaltungen bei einem Kunden** berücksichtigt werden: – Der Kunde erwartet eine kompetente fachliche Beratung und eingehende Fehlerdiagnose hinsichtlich seiner Fahrzeugprobleme. – Er möchte vor Beginn einer Reparatur eine genaue Einschätzung über den Umfang und die Kosten. Über Abweichungen möchte er informiert werden. – Er erwartet verbindliche Termine für Abgabe und Abholung seines Fahrzeugs.

7 Informationssysteme unter Einhaltung des Datenschutzes nutzen

7.1 Datenschutz

Welche rechtliche Grundlage gibt den Rahmen des Datenschutzes vor?	Hierbei handelt es sich um die **EU-Datenschutz-Grundverordnung.** Sie regelt die Grundrechte sowie Grundfreiheiten natürlicher Personen im Hinblick auf den Schutz der personenbezogenen Daten sowie den freien Verkehr personenbezogener Daten.
Wozu dient die Unterschrift des Kunden für die Datenschutz-Einwilligung?	Bei einer Datenschutz-Einwilligung holt sich das Autohaus die Zustimmung des Kunden ein, die Daten z. B. zu nutzen, um ihn telefonisch zu kontaktieren oder ihm Werbung zuzusenden. Nur mit der Zustimmung des Kunden (dokumentiert durch das Unterschreiben einer **datenschutzrechtlichen Einwilligungserklärung**) darf das Autohaus in der Folge in der vereinbarten Form Kontakt zum Kunden aufnehmen.

8 Kundenwünsche ermitteln und die weitere Bearbeitung koordinieren

8.1 Routinearbeiten

Welche Vorteile haben Wartungs- und Inspektionsarbeiten?	Bei Fahrzeugen, an denen eine **Wartung oder (Routine-) Inspektion** durchgeführt wird, bereitet die Bestimmung eines Fertigstellungstermins in der Regel keine Schwierigkeit. Anhand der Vorgaben der Hersteller und aufgrund eigener Erfahrungswerte kann der Kundendienstleiter bereits die benötigte Dauer und die Kosten für den Kunden abschätzen.
Welche Fahrzeugkomponenten unterliegen einem Verschleiß? Nennen Sie fünf Beispiele.	Folgenden **Komponenten** unterliegen beispielsweise einem **Verschleiß** und müssen regelmäßig geprüft und ausgetauscht werden: – Bremsen – Glühlampen – Kupplung – Reifen – Wischerblätter
Unterliegen Verschleißteile und somit eine mögliche Reparatur einer Garantie?	**Verschleißteile** bzw. entsprechende Reparaturen werden nur dann durch die Garantie abgedeckt, wenn ein Material- oder Herstellungsfehler vorliegt.
Wie sollte das Serviceangebot eines Autohauses bei der Abwicklung von Unfallreparaturen aussehen?	Das **Serviceangebot** eines Autohauses mit einer Werkstatt sollte neben der Instandsetzung auch die komplette Abwicklung vom Abschleppdienst über Mietwagen, Kfz-Gutachten bis zur Rechnungsabwicklung mit dem Versicherer beinhalten.

8.2 Arbeiten, die eine besondere Qualität erfordern

Nennen Sie Tätigkeiten im Rahmen eines Werkstattaufenthalts, die nur von entsprechend geschulten Personen durchgeführt werden dürfen.	– Hauptuntersuchung – Arbeiten am Hochvolt-System – Gutachten – Arbeiten an pyrotechnischen Rückhaltesystemen – Probefahrt und Abnahme einer Reparatur
In welchem zeitlichen Intervall müssen Fahrzeuge in Deutschland zur amtlichen Fahrzeugüberwachung?	Die amtliche Fahrzeugüberwachung ist in Deutschland durch die Straßenverkehrszulassungsordnung (StVZO) geregelt. Danach müssen neue Pkw nach drei Jahren, dann alle zwei Jahre, Taxen und Mietwagen jährlich, dem TÜV zur Hauptuntersuchung (die mittlerweile die Abgasuntersuchung beinhaltet) vorgeführt werden.

Nennen Sie drei Prüforganisationen, die in Deutschland die Hauptuntersuchung für Fahrzeuge durchführen.	– TÜV – DEKRA – GTÜ – KÜS
Wozu dient der HU-Adapter?	Der HU-Adapter wird an die On-Board-Diagnose-Schnittstelle (OBD) des Fahrzeugs angeschlossen. Mit einem Laptop oder Tablet kann der Prüfer dann die individuellen Fahrzeugdaten mit den Angaben abgleichen, die in einer zentralen Datenbank hinterlegt sind: – **Prüfung auf Ausführung und Einbau:** Ermittlung, ob serienmäßige sowie sicherheits- und umweltrelevante Systeme noch unverändert vorhanden sind – **Funktionsprüfung:** Untersuchung von beispielsweise Antiblockiersystem, Elektronischem Stabilitätsprogramm und Geschwindigkeitsregelanlagen – **Wirkungsprüfung:** Überprüfung der Wirkung der Bremsanlage anhand von vorgegebenen Sollwerten mit Kontrolle der Bremskraftverteilung. Dabei wird die am Rad gemessene Bremskraft mit dem Druck im hydraulischen System in Bezug gesetzt. Mithilfe des **HU-Adapters** können die Werte des Bremsdrucksensors im ESP ausgelesen werden. Das Programm vergleicht anschließend die tatsächlichen Werte mit den vom Fahrzeughersteller für das entsprechende Modell vorgegebenen Daten. Der HU-Adapter dient allein zur Überprüfung der Systeme, um mögliche Mängel festzustellen oder auszuschließen. Es werden keine in den Fahrzeugsteuergeräten gespeicherten Fehler gelöscht oder Software-Veränderungen vorgenommen.
Was ist bei der Wartung und Reparatur von Elektrofahrzeugen zu beachten?	Sowohl Elektroautos als auch Erdgasfahrzeuge sollten grundsätzlich nur von Fachpersonal in einer autorisierten Fachwerkstatt gewartet und repariert werden. **Erdgasfahrzeuge** sind zwar mit einem typischen Otto-Motor vergleichbar, allerdings haben sie viel Zusatztechnik mit an Bord (z. B. die Steuerungstechnik für den Erdgastank). Bei Elektroautos entfallen einerseits wartungsintensive Komponenten (z. B. Zündkerzen), aber aufgrund der sehr komplizierten Elektronik und der Hochspannung der Batterie sind spezielle Fachkenntnisse erforderlich.

9 Werkstatt- und Serviceleistungen sowie zeitwertgerechte Reparaturleistungen anbieten

9.1 Reparaturbedingungen (AGB)

Welche Bedingungen gelten für die Durchführung von Reparaturen?	Reparatur- und Wartungsaufträge, wie sie in der Werkstatt eines Autohauses vorkommen, gehören zu den **Werkverträgen;** bei Mängeln werden die Werkverträge im Wesentlichen wie Kaufverträge behandelt, sodass im Prinzip die gleichen Gewährleistungsansprüche gelten: Ein Sachmangel des Werkes liegt vor, wenn es nicht die zwischen Auftraggeber und Unternehmer vereinbarte Beschaffenheit hat, es sich nicht für die vorausgesetzte Verwendung eignet, es sich nicht für die gewöhnliche Verwendung eignet und nicht eine Beschaffenheit aufweist, die bei Werken der gleichen Art üblich ist und die der Besteller nach der Art des Werkes erwarten kann, oder ein anderes als das bestellte Werk oder das Werk in zu geringer Menge hergestellt worden ist.
	Der Auftraggeber kann **Nacherfüllung** (= Beseitigung des Mangels oder Neuherstellung des Werkes) verlangen. Allerdings kann der Unternehmer hier, anders als im Kaufrecht, selbst wählen, ob er den Mangel beseitigt oder ob er das Werk neu herstellt. Und er kann die Nacherfüllung verweigern, wenn diese mit unverhältnismäßigen Kosten verbunden ist.
	Allgemein üblich ist dabei die Verwendung von AGB, die auf der Rückseite des Auftragsscheins abgedruckt sind, sodass die zur Geltung kommenden Vertragsbedingungen nicht in jedem einzelnen Fall neu ausgehandelt werden müssen.
Welche Rechte hat ein Kunde, wenn ein Reparatur- oder Wartungsauftrag nicht ordnungsgemäß ausgeführt wurde?	Reparatur- und Wartungsaufträge, wie sie in der Werkstatt eines Autohauses vorkommen, gehören zu den **Werkverträgen;** bei Mängeln werden die Werkverträge im Wesentlichen wie Kaufverträge behandelt, sodass im Prinzip die gleichen Gewährleistungsansprüche gelten:
	Es muss also ein **Sachmangel** vorliegen und der Kunde hat bei der Reklamation gewisse **Fristen** zu beachten: bei Neuwagen zwei Jahre ab Übergabe, bei Gebrauchtwagen (wenn es entsprechend in den AGB vereinbart wurde) ein Jahr.
	Ein **Sachmangel** des Werkes liegt vor, wenn es nicht die zwischen Auftraggeber und Unternehmer vereinbarte Beschaffenheit hat, es sich nicht für die vorausgesetzte Verwendung eignet, es sich nicht für die gewöhnliche Verwendung eignet und nicht eine Beschaffenheit aufweist, die bei Werken der gleichen Art üblich ist und die der Besteller nach der Art des Werkes erwarten kann, oder ein anderes als das bestellte Werk oder das Werk in zu geringer Menge hergestellt worden ist.
	Der Auftraggeber kann **Nacherfüllung** (= Beseitigung des Mangels oder Neuherstellung des Werkes) verlangen. Allerdings kann der Unternehmer hier, anders als im Kaufrecht, selbst wählen, ob er den Mangel beseitigt oder ob er das Werk neu herstellt. Und er kann die Nacherfüllung verweigern, wenn diese mit unverhältnismäßigen Kosten verbunden ist.
	Hat der Auftraggeber dem Unternehmer eine **angemessene Frist** zur Nacherfüllung gesetzt, hat dieser aber nicht innerhalb dieser Frist nacherfüllt, kann der Auftraggeber den Mangel selbst beseitigen lassen und dies dem Unternehmer in Rechnung stellen.

	Eine **Fristsetzung ist jedoch entbehrlich,** wenn der Unternehmer die Erfüllung verweigert, das Leistungsinteresse des Bestellers bei einem Fixgeschäft wegfällt oder besondere Umstände vorliegen, die bei Interessenabwägung die sofortige Selbstvornahme rechtfertigen. Eine Nachfristsetzung kann auch entfallen, wenn die Nacherfüllung fehlgeschlagen ist. Der Besteller kann den Mangel jedoch dann nicht selbst beseitigen, wenn der Unternehmer die Nacherfüllung verweigert hat, weil sie mit unverhältnismäßigen Kosten verbunden ist.
Was kennzeichnet eine zeitwertgerechte Reparatur?	Viele Hersteller haben die Möglichkeiten des Einsatzes von günstigeren Ersatzteilen erkannt und bieten bereits eine sogenannte zweite Teileschiene an, anhand derer sie eine **zeitwertgerechte Reparatur** anbieten. Dabei handelt es sich um qualitativ gleichwertige Ersatzteile, deren Preis um ca. 30 % unter dem der Originalersatzteile liegt und ebenfalls preissensible Kunden mit älteren Fahrzeugen länger an ihre Autohäuser binden soll.
Welche Teile können – neben Originalteilen – auch bei Reparaturen zur Verwendung kommen?	In Absprache mit dem Kunden können auch **Austauschteile** und **Gebrauchtteile** zur Verwendung kommen.

9.2 Unterschiedliche Serviceleistungen

Nennen Sie sieben Serviceleistungen, die ein Autohaus neben der Reparatur anbieten kann.	– Spezielle Check-Aktionen
	  • Urlaubs-Check: Sichtprüfung von Motor, Keilriemen und Bremsen; Nachfüllen der Reifen und der Waschanlage; Überprüfung der Kühl- und Bremsflüssigkeit; Kontrolle, ob Pannenwerkzeug (Wagenheber, Ersatzrad bzw. Reifen-Kit, evtl. Abschleppseil und Starthilfekabel, Reservekanister) und Ersatzteile (Birnen, Sicherungen) vorhanden sind
	  • Winter-Check: wie Urlaubsscheck, dazu Frostschutz in der Wischanlage und im Kühler, Scheibenwischerblätter
	  • Klimaanlagen-Check: Austausch des Filters und der Kühlflüssigkeit
	  • Lichttest: Überprüfung der Funktionsfähigkeit und der korrekten Einstellung der Beleuchtung
	– Durchführung der HU, AU
	– Full-Service-Unfallabwicklung
	– Not-, Pannen- oder Abschleppdienst
	– Service-Pakete, um Kunden an die Werkstatt zu binden
	– Rädereinlagerung
	– Räderwechsel
	– Aufbereiten von Fahrzeugen
	– Altfahrzeugentsorgung
	– Mietwagen
	– Waschanlage
	– Tuning

Welche Vorteile sind für das Autohaus mit zusätzlichen Serviceangeboten verbunden?	**Vorteile für das Autohaus bei zusätzlichen Serviceangeboten:** — **TÜV-Abnahme:** Für das Autohaus besteht der Vorteil darin, dass es sich hier im Rahmen der TÜV-Vorbereitung oder der Beseitigung der festgestellten Mängel Zusatzaufträge sichern kann. — Das Angebot der **Reifeneinlagerung** führt dazu, dass die Kunden zweimal pro Jahr ins Autohaus kommen, für die Einlagerung und Montage der Räder bezahlen und dabei auf abgefahrene Reifen, defekte Felgen, abgenutzte Bremsbeläge und -scheiben und weitere Mängel hingewiesen werden können. — **Aufbereitung von Fahrzeugen:** Untersuchungen haben ergeben, dass eine solche Aufbereitung eines Fahrzeugs vor einem Verkauf einen um bis zu 1.000,00 € höheren Verkaufspreis ergeben hat – ein gutes Argument für das Autohaus, eine solche Dienstleistung anzubieten. — Da die meisten Personen, die **ein Altauto abgeben** wollen, sich wiederum ein neues Fahrzeug zulegen, bedeutet das für das Autohaus die Chance, mit dem Kunden ins Gespräch zu kommen. Dabei geht es nicht nur um den Verkauf eines Neu- oder Gebrauchtwagens, sondern auch um die dauerhafte Gewinnung eines Kunden für den Servicebereich.
Welchen Vorteil für das Autohaus bietet das Angebot von Service-Paketen?	Um ihre **Kunden über einen noch längeren Zeitraum an sich zu binden,** bieten viele Autohäuser mittlerweile Service-Pakete sowohl für Neuwagen als auch für (junge) Gebrauchtwagen, meist verbunden mit einer Anschlussgarantie, an. Der Kunde „kauft" im Voraus für die nächsten drei oder vier Jahre die üblicherweise notwendigen Inspektionen und erhält dafür einen großzügigen Rabatt auf die sonst anfallenden Einzelpreise. Das Autohaus erhält also vorab eine monatliche Rate über den entsprechenden Vertragszeitraum. Der Kunde bringt sein Fahrzeug auf jeden Fall in seine Vertragswerkstatt und wandert nicht in eine freie Werkstatt oder eine Werkstattkette ab.

10 Bei der Erstellung von Kostenvoranschlägen mitwirken

10.1 Kostenvoranschlag

Erklären Sie kurz, was ein Kostenvoranschlag ist.	Bei einem **Kostenvoranschlag** handelt es sich um eine Kostenschätzung der Werkstatt, z. B. für eine Reparatur. Damit der Kunde nachvollziehen kann, wie sich diese Schätzung zusammensetzt, sollten Angaben zu den durchzuführenden Arbeiten, den Materialien, den Kosten und der Dauer vermerkt werden. Auch ein Hinweis zur Gültigkeitsdauer sollte vorhanden sein.
Um wie viel Prozent darf eine Reparaturrechnung einen vorher erstellten Kostenvoranschlag übersteigen?	Die **Reparaturrechnung** darf den im Kostenvoranschlag genannten Gesamtbetrag um höchstens 15 % – 20 % überschreiten.
Wie sollten Sie sich verhalten, wenn der Gesamtbetrag um mehr als 20 % überschritten wird?	Dem Kunden ist die **Überschreitung** der veranschlagten Kosten **rechtzeitig anzuzeigen**; dieser ist zur Kündigung des Vertrags berechtigt, muss aber die bis dahin geleisteten Arbeiten bezahlen.

10.2 Erstellung von Kostenvoranschlägen

Wie erfolgt die Erstellung eines Kostenvoranschlags?	Im Idealfall haben sich ein Serviceberater und der Kunde gemeinsam das Fahrzeug angeschaut und sich auf die durchzuführenden Arbeiten geeinigt. Diese Arbeiten gibt der Serviceberater nun in einem Kostenvoranschlag an und ergänzt sie um die benötigten Materialien und Arbeitswerte.
Was enthält ein Arbeitswertekatalog?	In einem **Arbeitswertekatalog** definiert jeder Hersteller die Zeiten, die für die sach- und fachgerechte Ausführung einer bestimmten Arbeit erforderlich sind, wie z. B. den Austausch eines Endtopfs. Neben der Arbeitszeit ist auch der Materialaufwand (in der Regel gemessen in Materialeinheiten) vermerkt. Entsprechende Herstellervorgaben basieren auf Kalkulationen. Sie sollen dazu dienen, die Arbeiten von Werkstatt zu Werkstatt vergleichbar zu machen.

11 Werkstattaufträge erstellen

11.1 Auftragsannahme

Wann sollten die Kunden- und Fahrzeugdaten vorliegen?	Wird das Fahrzeug angenommen und ein Auftrag geschrieben, sollten auch die **Kunden- und Fahrzeugdaten** vorliegen.
Was ist mit der Fahrzeug-Historie gemeint?	Nach Eingabe des Kfz-Kennzeichens oder der Schlüsselnummer in das Service-Programm lässt sich bei den Fahrzeugen, die im eigenen Autohaus oder von einem anderen Vertragshändler dieser Marke gekauft wurden und/oder vorher schon einmal hier in der Werkstatt waren, erkennen, **welche Arbeiten gemacht wurden,** welche **aufgrund von Vorgaben des Herstellers durchzuführen sind** oder ob wegen des Alters oder der Fahrleistung **bestimmte Arbeiten höchstwahrscheinlich anfallen** werden. Dazu gibt der Service-Berater die Schlüsselnummer aus der Zulassungsbescheinigung Teil 1 in das jeweilige System ein. Auch ein Blick in das (hoffentlich vorhandene und lückenlos geführte) Serviceheft gibt Aufschluss über anfallende Arbeiten.
Warum ist die Vereinbarung eines Abholtermins mit dem Kunden wichtig?	Für den Kunden bringt eine **Terminvereinbarung** Planungssicherheit mit sich. Er weiß, wie lange er auf sein Fahrzeug verzichten muss. Evtl. besteht für den Zeitraum Bedarf an einem Ersatzfahrzeug. Zudem kann auf besondere Terminwünsche eingegangen werden.

11.2 Ermittlung von fahrzeugbezogenen technischen Daten

Wie erhält der Serviceberater die benötigten fahrzeugbezogenen technischen Daten?	Wurde das Fahrzeug im eigenen Autohaus gekauft und/oder war das Fahrzeug vorher schon einmal dort in der Werkstatt, lässt sich anhand der **Einträge** sehr genau erkennen, welche Arbeiten gemacht wurden, welche aufgrund von Vorgaben des Herstellers durchzuführen sind oder ob wegen des Alters oder der Fahrleistung bestimmte Arbeiten höchstwahrscheinlich anfallen werden. Ist das Fahrzeug das erste Mal im Haus, benötigt der Serviceberater die **Zulassungsbescheinigung Teil 1 (Fahrzeugschein), den Kilometerstand und die Erstzulassung.** Durch die Eingabe der Schlüsselnummer in das jeweilige System können die wesentlichen Angaben eingesehen werden. Im Gegensatz zu den früher verwendeten Fahrzeugscheinen ist in der Zulassungsbescheinigung Teil 1 nur eine Reifengröße aufgeführt (Ziffer 15.1–3). Es können aber auch andere Reifengrößen verwendet werden. Diese lassen sich der sogenannten CoC (Certificate of Conformity) entnehmen, die beim Kauf eines Fahrzeugs mit den anderen Dokumenten übergeben werden sollte. Um Unstimmigkeiten, z. B. bei einer behördlichen Fahrzeugkontrolle, zu vermeiden, sollten diese CoC im Auto mitgeführt werden. Darüber hinaus helfen auch modellbezogene **Werkstatthandbücher** bzw. **Servicepläne,** die Herstellerinformationen zur Reparatur bzw. Wartung beinhalten. Ergänzend kann dem **Serviceheft** entnommen werden, welche Wartungen bereits durchgeführt wurden.

Welche weiteren Fahrzeuginformationen sollten Ihnen zudem noch vorliegen?	Folgende **Fahrzeuginformationen** sollten Ihnen auch bekannt sein: – Fahrzeug-Identifizierungsnummer (FIN) bzw. VIN (Vehicle Identification Number) – Erstzulassung (z. B. für Garantiefragen) – Kilometerstand (z. B. für Garantiefragen) – Sonderinformationen (z. B. zur Ausstattung)

11.3 Werkstattformulare

Beschreiben Sie die Erstellung eines Werkstattauftrags.	Der Serviceberater legt direkt bei der Annahme den **Auftrag** an. Dazu benötigt er die Kundendaten und Angaben zum Fahrzeug (z. B. Erstzulassung, Fahrgestellnummer, Laufleistung). Handelt es sich um einen Stammkunden, kann ein Großteil dieser Daten über das Kennzeichen direkt eingelesen werden; ansonsten können diese der Zulassungsbescheinigung Teil 1, bei älteren Fahrzeugen dem Kfz-Schein, entnommen werden. Dann listet der Serviceberater die durchzuführenden Arbeiten auf, vermerkt den Abholtermin und lässt sich schließlich den Auftrag vom Kunden unterschreiben, der damit auch die für das Autohaus geltenden Reparaturbedingungen anerkennt. Einen Durchschlag dieses Auftrags erhält das Teilelager, damit die benötigten Ersatzteile (bei einer Inspektion z. B. Ölfilter, Zündkerzen) bereitgelegt werden können, ein weiterer Durchschlag geht an den Werkstattleiter, der für diesen Auftrag einen Monteur einteilt.

11.4 Identifikation der Ersatzteile

Wie erkennt der Serviceberater, dass benötigte Teile nicht vorrätig sind und bestellt werden müssen?	Sind Teile nicht am Lager, können diese in der Regel innerhalb weniger Stunden über firmeninterne Vertriebszentren oder Großhändler beschafft werden. Durch die **Eingabe der Teilenummer in das jeweilige System** sieht der Serviceberater die Verfügbarkeit dieses Teils. Die Teilenummern, die er nicht bereits aufgrund der häufigen Verwendung kennt, schlägt er im elektronisch verfügbaren Teilekatalog nach. Dazu ruft er die Seite mit den für das Modell hinterlegten Baugruppen auf.
Wenn Sie auf der Suche nach einem Ersatzteil sind, woran können Sie sich orientieren, damit Sie das richtige Ersatzteil finden?	Wenn Sie auf der **Suche nach einem bestimmten Ersatzteil** sind, können Sie sich an den folgenden Punkten orientieren: – Teilenummern – Teilekatalog der Hersteller – Baugruppen – ECE (Europäische Typgenehmigung; Kennzeichnung genehmigungspflichtiger Bauteile)

11.5 Aufklärung und Zustimmung des Kunden

Beschreiben Sie die notwendigen Schritte bis zur Fertigstellung des Auftrags. Wie verhalten Sie sich, wenn der Auftrag erweitert werden muss?	Nach Beendigung der Arbeit bestätigt der Monteur die durchgeführten Tätigkeiten unter Angaben seiner verwendeten Zeit, die, neben den bereits eingepflegten Ersatzteilen, als AW auf der Rechnung erscheinen. Eventuell notwendige Zusatzarbeiten müssen ab einem gewissen Umfang vom Werkstattmeister oder Serviceleiter genehmigt werden. Unter Umständen muss dieser erst noch die Freigabe durch den Kunden einholen. Der Werkstattleiter ergänzt den noch offenen Auftrag um die möglichen Zusatzarbeiten und vermerkt zusätzlich bald fällige Arbeiten und/oder den Zustand wichtiger Baugruppen, z. B.: „Die Vorderreifen weisen nur noch eine Profiltiefe von 2,2 mm auf und sollten bald ersetzt werden." Dann schließt er den Auftrag, sodass an der Kasse die Rechnung ausgedruckt und dem Kunden bei Abholung des Fahrzeugs erläutert werden kann, nachdem sich der Serviceberater bei einer Probefahrt von der ordnungsgemäßen Durchführung der Arbeiten überzeugt hat.

12 Termine planen und mit den zuständigen Bereichen koordinieren

12.1 Werkstattkapazität und Terminplaner

Warum ist eine gelungene Terminplanung im Werkstattbereich für ein Autohaus wichtig? Welche Vorteile ergeben sich?	Eine möglichst **genaue, realistische Planung** ist für den reibungslosen Ablauf in einer Werkstatt unerlässlich. Nur wenn diese Planung auch weitestgehend eingehalten werden kann, ist eine **zufriedenstellende Werkstattauslastung** gewährleistet und es können Termine gehalten werden. Eine gute Auslastung der Werkstatt trägt erstens dazu bei, die in einem Autohaus anfallenden Kosten zu decken und zweitens ausreichende Erträge zu erwirtschaften. Durch eine **gelungene Terminplanung** lassen sich Leerlaufzeiten für die Monteure vermeiden, und die Kunden erhalten ihr Fahrzeug schnell zurück.
Was ist bei der Terminplanung zu beachten?	Bei der Planung ist es notwendig, gewisse **Puffer zwischen den Terminen** zu belassen, damit die Werkstatt in der Lage bleibt, auch auf plötzliche Ereignisse zu reagieren.

12.2 Kriterien bei der Arbeitsplanung

Was ist bei der Einteilung der Mechatroniker zu den Arbeiten zu berücksichtigen?	Im Vorfeld ist darauf zu achten, dass jeden Tag eine ausreichende Anzahl an Mitarbeitern zur Verfügung steht (Arbeitszeiten und Urlaubsplanung sind hier also insbesondere zu beachten, genauso wie geplante Abwesenheiten durch Schulungen etc.). Einen Überblick kann hier ein Werkstattbelegungsplan liefern. Für die Einteilung benötigt der Disponent die zugrunde gelegten Arbeitswerte für die jeweiligen Tätigkeiten und es muss gewährleistet sein, dass die Teile verfügbar sind. Daher ist die Direktannahme zu bevorzugen. Nur unter Berücksichtigung all dieser Faktoren ist ein hoher Auslastungsgrad der Werkstatt zu realisieren. Voranmeldungen sichern zudem den Auftragsvorlauf.

13 Anforderungsbezogene Fremdleistungen organisieren

13.1 Fremdleistungen

Kann ein Autohaus Unteraufträge an andere Werkstätten vergeben (auch Fremdaufträge genannt)?	Im Allgemeinen ist in den AGB geregelt, dass **ein Autohaus Aufträge an Fremdfirmen vergeben darf.** Oftmals ist dies auch gar nicht anders möglich, da nicht jede Werkstatt über eine Achsvermessung, eine Sattlerei oder eine eigene Lackiererei verfügt, der Kunde aber gerne die gesamte Reparatur „in einem Rutsch" erledigt haben will. Bei der Erteilung solcher Unteraufträge ist aber zu beachten, dass man mit Betrieben zusammenarbeitet, die eine gleichbleibende Qualität gewährleisten und abgesprochene Termine einhalten, um Ärger mit Kunden zu vermeiden.

13.2 Abwicklung mit der Versicherung

13.2.1 Unfallgeschäft

Was ist die Reparaturkostenübernahmebestätigung (RKÜ)?	Die **RKÜ** ist eine Zahlungsanweisung an die Versicherung, damit diese die Reparaturkosten für den Kunden übernimmt und direkt an den Kfz-Betrieb zahlt.
Welchen Vorteil bietet die Reparaturkostenübernahmebestätigung dem Autohaus?	Ein Kfz-Betrieb hat grundsätzlich nur gegenüber dem Auftraggeber einen Anspruch auf Bezahlung der Reparaturrechnung. Da aber gerade bei Reparaturen meist sehr hohe Beträge anfallen, will kein Kunde gerne in Vorlage treten – manche könnten es auch nur mithilfe eines Bankkredits. Viele Kunden würden nach einem Unfallschaden somit das Fahrzeug nicht in der Werkstatt lassen, sondern erst die Zahlung der Versicherung abwarten. Ob dann der Unfallschaden in einer Vertragswerkstatt behoben wird, ist unsicher. Dem Autohaus kann durch diese Zahlungsverzögerung ein Geschäft verloren gehen. Um dies zu vermeiden, gibt es die **Reparaturkostenübernahmebestätigung (RKÜ).**
Wann sollte die RKÜ vom Kunden unterzeichnet werden und wie erfolgt der weitere Ablauf bzgl. der RKÜ?	Zweckmäßigerweise wird das Formular der **RKÜ gleich bei Anlieferung** des Unfallwagens ausgefüllt und vom Kunden unterschrieben. Das Autohaus reicht die RKÜ bei der Versicherung ein, die den Vorgang aufnimmt und das Formular vervollständigt an das Autohaus zurückschickt. Durch Gegenzeichnen des Formulars bestätigt die Versicherung, dass sie die Rechnung begleichen wird.
Wie viele Unterschriften muss der Kunde nach einem Unfall im Autohaus leisten und wofür?	**Zwei Unterschriften:** für die RKÜ und den Reparaturauftrag

Warum ist es für das Autohaus sinnvoll, neben der RKÜ noch eine Sicherungsabtretung vom Kunden unterzeichnen zu lassen?	Da die RKÜ lediglich eine Zahlungsanweisung darstellt, das Autohaus also bei Nichtbegleichung der Reparaturrechnung durch den Kunden weder gegen die Versicherung noch gegen den Unfallverursacher vorgehen kann, sind die meisten Werkstätten dazu übergegangen, zusätzlich eine sogenannte **Sicherungsabtretung** unterzeichnen zu lassen. Mit dieser tritt der Unfallgeschädigte seine Schadenersatzansprüche gegen den Fahrer, den Halter und den Haftpflichtversicherer des unfallverursachenden Fahrzeugs unwiderruflich an den Reparaturbetrieb ab. Der Reparaturbetrieb ist berechtigt, diese Sicherungsabtretung gegenüber den Anspruchsgegnern offenzulegen und die abgetretenen Ansprüche im eigenen Namen geltend zu machen. Zumeist sind Sicherungsabtretung und RKÜ in einem Formular zusammengefasst.

13.2.2 Schadenklassifizierung

Wann liegt ein Haftpflichtschaden vor?	Ein **Haftpflichtschaden** liegt vor, wenn den Geschädigten keine Schuld am Unfall trifft. Die Haftpflichtversicherung des schuldigen Unfallgegners tritt hier für die Schadenregulierung ein.
Welche Ansprüche hat ein Geschädigter gegenüber der Haftpflichtversicherung des Schädigers?	**Ansprüche des Geschädigten bei der Haftpflichtschadensabwicklung:** – freie Wahl eines Gutachters – Erstattung der veranschlagten Reparaturkosten – Anspruch auf Bezahlung der Mietwagenkosten oder der Entschädigung für den Nutzungsausfall während der voraussichtlichen Reparaturdauer – Erstattung der Wertminderung, ggf. ist eine Werterhöhung anzuerkennen – Erstattung der Abschleppkosten – Erstattung der Gutachterkosten Weil ein Schadenersatz bewirken muss, dass ein Geschädigter so gestellt wird, als wenn nichts passiert wäre, wird bei Haftpflichtschäden großzügiger repariert als im Kaskofall.
Was deckt die Vollkaskoversicherung ab?	Die **Vollkaskoversicherung** deckt Schäden durch selbstverschuldete Unfälle ab sowie Beschädigungen durch mut- oder böswillige Handlungen betriebsfremder Personen.
Was beinhaltet die Abwicklung auf Kaskobasis?	Die klassische Abwicklung auf **Kaskobasis** beinhaltet: – instandsetzungsfähige Blechteile werden repariert anstatt erneuert, – Wertminderung kommt nicht in Betracht (wohl aber Werterhöhung), – kein Nutzungsausfall bzw. Mietwagen, – der Versicherer bestimmt den Sachverständigen. Gerade bei der Wahl des Sachverständigen reagieren viele Autoversicherer sensibel, wenn man sie bei der Bestellung des Gutachters übergeht: Die meisten Versicherer haben für diesen Zweck hauseigene Sachverständige.

Was deckt die Teilkaskoversicherung ab?	Die **Teilkaskoversicherung** übernimmt z. B. Glasschäden, Brand- und Explosionsschäden sowie Schäden, die durch Diebstahl oder durch Unfälle mit Haarwild verursacht werden.
Warum wird der Versicherungsnehmer nach einem Teilkaskoschaden nicht im Schadenfreiheitsrabatt zurückgestuft?	Der Versicherungsnehmer wird in der **Schadenfreiheitsklasse** nicht zurückgestuft, da er für das Schadenereignis, das die Teilkasko abdeckt, nicht verantwortlich gemacht werden kann.
Welche Autoversicherung ist eine gesetzliche Pflichtversicherung?	Auto-Haftpflichtversicherung
Wie hoch ist die gesetzliche Mindestdeckungssumme bei der Haftpflichtversicherung?	**Gesetzliche Mindestdeckungssumme bei der Haftpflichtversicherung:** – für Personenschäden 7.500.000,00 € – für Sachschäden 1.120.000,00 € (Pflichtversicherungsgesetz, Anlage zu § 4 Abs. 2, 2013)
Welche Leistung beinhaltet die Insassen-Unfallversicherung	Versichert Insassen gegen Unfälle unabhängig von der Schuldfrage; zahlt bei Tod, Invalidität, ggf. auch Krankenhaustagegeld. Allerdings sind bei einem unverschuldeten Unfall alle Insassen einschließlich Fahrer über die gegnerische Haftpflichtversicherung bereits versichert; bei einem selbstverschuldeten Unfall alle Beifahrer durch die Haftpflichtversicherung des Fahrers. Lediglich der Fahrer ist durch seine eigene Kraftfahrzeughaftpflichtversicherung nicht abgesichert. In dem Fall würde nur eine private Unfallversicherung oder eben die **Insassenunfallversicherung** eintreten.
Welche Leistung beinhaltet die Verkehrs-Rechtsschutzversicherung?	Die **Verkehrs-Rechtsschutzversicherung** beinhaltet die Durchsetzung von Schadenersatz- und Schmerzensgeldforderungen nach einem Verkehrsunfall: Verteidigung in Bußgeld- und Strafverfahren aufgrund von Verletzungen der Verkehrsvorschriften; Vertrags- und Sachenrecht rund um das Auto (z. B. bei Gewährleistungsansprüchen oder Unstimmigkeiten bei der Rückgabe von Leasingfahrzeugen).
Was ist Gefährdungshaftung?	Jeder Autofahrer muss die **Gefährdungshaftung** gegen sich gelten lassen, wenn sein Verhalten im Straßenverkehr zumindest leicht fahrlässig war. Die Rechtsprechung hat diesen Begriff geprägt und trägt damit dem Umstand Rechnung, dass das Fahren eines Autos eine grundsätzlich gefährliche und gefährdende Angelegenheit ist. Die Versicherer messen der Gefährdungshaftung im Allgemeinen eine Mitschuld von ca. 30 % des Schadens bei.
Wie wird ein Unfallschaden im Rahmen der Gefährdungshaftung abgerechnet?	Setzt sich z. B. der Schaden des Hauptunfallschuldigen aus Reparaturkosten, Abschleppkosten, Nutzungsausfall und ggf. Wertminderung zusammen, kann dieser von seinem Unfallgegner die Erstattung von 30 % des Schadens verlangen, wenn dieser die Gefährdungshaftung gegen sich gelten lassen muss.

Wann tritt die Differenzentschädigung ein?	Die **Differenzentschädigung** als Schadenregulierung kommt in Betracht, wenn zum einen eine Gefährdungshaftung vorliegt und zum anderen der Hauptschuldige vollkaskoversichert ist.
Wie wird im Rahmen der Differenzentschädigung abgerechnet?	Ist im Rahmen der Gefährdungshaftung der Hauptunfallschuldige kaskoversichert, wird er seinem Unfallgegner bzw. dessen Haftpflichtversicherer die Differenzentschädigung als Schadenregulierung vorschlagen. Das bedeutet, dass der Hauptschuldige seine Kaskoversicherung nur für die Reparaturkosten und Abschleppkosten in Anspruch nimmt, die diese voll bezahlt. Dafür verlangt er, dass die gegnerische Haftpflichtversicherung seine Selbstbeteiligung, die Wertminderung und den Nutzungsausfall voll ersetzt. Der materielle Schaden des Hauptschuldigen beschränkt sich damit auf den reduzierten Schadenfreiheitsrabatt. Hätte der Hauptschuldige 100 % der Schuld zugesprochen bekommen, dann hätte er nicht die Haftpflichtversicherung des Unfallgegners in Anspruch nehmen können und seine Kaskoversicherung hätte weder Nutzungsausfall noch Mietwagen bezahlt.

13.2.3 Schadenregulierung

Ab welcher Schadenhöhe fordern die Versicherungen einen Sachverständigen an?	**Einsatz eines Sachverständigen:** – Liegt der Schadenwert erkennbar unter 750,00 €, darf die Werkstatt auch ohne Gutachten reparieren. – Bei Schäden über 750,00 € hängt es von der leistungsverpflichteten Versicherung ab, ob ein Gutachter eingeschaltet wird oder nicht. – Bei Schäden über 1.500,00 € fordern die Versicherer in der Regel obligatorisch einen Sachverständigen an.
Welche Posten beinhaltet ein Gutachten?	Jedes **Gutachten** besteht aus: – der Fahrzeugbeschreibung, die zur Ermittlung des Wiederbeschaffungswerts dient, – der allgemeinen Schadenbeschreibung, – der Kalkulation der Instandsetzungskosten sowie – der Nennung des Restwerts bei einem wirtschaftlichen Totalschaden.
Was ist der Wiederbeschaffungswert?	Als **Wiederbeschaffungswert** bezeichnet man den Betrag, den ein Autobesitzer aufbringen müsste, wenn er ein gleichwertiges anderes Auto bei einem örtlichen Kfz-Händler kaufen würde.
Wann ist ein verunfalltes Fahrzeug reparaturwürdig?	**Reparaturwürdig** ist ein Fahrzeug immer dann, wenn die kalkulierten Reparaturkosten den Wiederbeschaffungswert plus die eventuell anfallende Wertminderung (im Haftpflichtfall) nicht übersteigen.

Was ist eine Wertminderung?	Mit der **Wertminderung** erhält ein Geschädigter den Betrag, der ihm bei einem Verkauf seines Fahrzeugs voraussichtlich verloren ginge, weil er sein Auto jetzt nicht mehr als „unfallfrei" verkaufen könnte, obwohl die Schäden am Fahrzeug aus technischer Sicht vollständig und ohne nachteilige Folgen beseitigt worden sind. Eine Wertminderung kommt nur bei Haftpflichtschäden infrage. Wie hoch der Gutachter sie im Schadenfall ansetzt, hängt von der Schadenhöhe sowie dem Alter und dem Allgemeinzustand des Fahrzeugs ab. Die Wertminderung liegt bei etwa 10 % der Reparaturkosten; bei sehr jungen Fahrzeugen zum Teil darüber.
Was ist eine Werterhöhung?	Ein relativ altes Fahrzeug kommt durch eine Unfallreparatur in den Genuss einer **Werterhöhung**. Da dies den Geschädigten besserstellt, muss er sich einen „Abzug neu für alt" gefallen lassen. Auf eine mögliche Werterhöhung wird sowohl im Haftpflicht- als auch im Kaskofall geprüft.
Wann liegt ein Totalschaden vor?	Übersteigen die Reparaturkosten den Wiederbeschaffungswert (ggf. plus Wertminderung), liegt ein **wirtschaftlicher Totalschaden** vor und das Auto gilt als nicht mehr reparaturwürdig.
Wie wird die Schadenhöhe bei einem Totalschaden ermittelt?	Die **Schadenhöhe** ermittelt sich dann aus dem **Wiederbeschaffungswert abzüglich Restwert**.
Wie wird der Restwert eines Totalschadens ermittelt?	Der **Restwert bei Totalschaden** wird üblicherweise vom Gutachter ermittelt, indem er das verunfallte Fahrzeug Verwertungsbetrieben anbietet, die auf entsprechende Fahrzeuge spezialisiert sind, oder indem er das Angebot auf speziell darauf ausgerichteten Seiten im Internet einstellt. Zur Ermittlung eines realistischen Restwertbetrags müssen mindestens drei Angebote zum Ankauf des Unfallfahrzeugs herangezogen werden.
Was besagt das Integritätsinteresse?	Übersteigen die Reparaturkosten gemäß Gutachten den Wiederbeschaffungswert des Fahrzeugs um nicht mehr als 30 % und möchte der Fahrer sein Auto weiternutzen, so darf der Fahrer das Fahrzeug in der Werkstatt reparieren lassen. Der Geschädigte bekommt durch diese Regelung die Möglichkeit, sein gewohntes Fahrzeug weiterzufahren. Man spricht hierbei vom sogenannten **Integritätsinteresse** des Geschädigten.
Welche zwei Voraussetzungen müssen erfüllt sein, damit bei einem Totalschaden das Integritätsinteresse geltend gemacht werden kann?	**Voraussetzungen für Geltendmachung des Integritätsinteresses:** – Das Fahrzeug muss tatsächlich mindestens weitere sechs Monate vom Fahrzeughalter gefahren werden. – Das Fahrzeug muss nach den Vorgaben des Gutachters repariert werden. Eine „Billigreparatur" oder gar eine fiktive Abrechnung ist nicht zulässig.
Was ist die Wiederbeschaffungsdauer?	Wer als Geschädigter einen Totalschaden erleidet, muss Gelegenheit erhalten, sich ein anderes Fahrzeug zu suchen. Die Zeit, bis er das neue Auto hat, nennt man **Wiederbeschaffungszeit oder -dauer**. In dieser Wiederbeschaffungszeit kann der Geschädigte einen Mietwagen beanspruchen oder Nutzungsausfall geltend machen, beides aber für höchstens 14 Wochentage.

Was ist ein Nutzungsausfall?	Ein Autofahrer hat bei einem unverschuldeten Unfall für die Zeit, in der er sein Auto nicht benutzen kann, Anspruch auf einen **Nutzungsausfall,** z. B. in Form eines Mietwagens. Beim Verzicht auf einen Mietwagen wird der Geschädigte für den Nutzungsausfall mit einem Pauschalbetrag entschädigt, der sich nach dem Wert des beschädigten Fahrzeugs richtet und aus verschiedenen Tabellen entnommen werden kann, z. B. Tabelle nach Sanden/Küppersbusch.
Warum muss ein Unfallopfer im Falle einer Mietwagennutzung ein Fahrzeug mieten, das eine Klasse tiefer eingestuft ist als sein verunfalltes Fahrzeug?	Derjenige, der statt des eigenen Autos ein Mietfahrzeug nutzt, hat an seinem eigenen Wagen so lange keinen Verschleiß. Deshalb bekommt der Geschädigte, der sich einen gleichwertigen Mietwagen nimmt, die Kosten von der Versicherung nicht voll ersetzt. Denn die Versicherung ist nur dazu verpflichtet, den Geschädigten zu der Zeit vor dem Unfall gleichzustellen und nicht besserzustellen.
Der Geschädigte hat bei der Frage, ob er sich einen Ersatzwagen stellen lässt oder den Nutzungsausfall in Anspruch nimmt, eine Schadenminderungspflicht. Was besagt diese?	Das bedeutet, dass die Versicherung z. B. die Kosten für einen Ersatzwagen nicht übernehmen muss, wenn der Geschädigte für die Dauer der veranschlagten Reparaturzeit von sechs Tagen mit dem Ersatzwagen nur 30 km gefahren ist und die Höhe des Nutzungsausfalls allemal ausgereicht hätte, um für die wenigen Fahrten auf öffentliche Verkehrsmittel oder ein Taxi umzusteigen. Oder wenn der Geschädigte ohne Probleme auf einen sowieso vorhandenen Zweitwagen zugreifen kann. Die **Schadenminderungspflicht** sorgt somit dafür, dass keine unnötigen Kosten für die gegnerische Haftpflichtversicherung erzeugt werden.
Was ist eine fiktive Abrechnung (Abrechnung auf Gutachterbasis)?	**Fiktive Abrechnung:** Ein Schadenersatzanspruch eines Geschädigten ist nicht daran gebunden, dass ein verunfalltes Fahrzeug auch tatsächlich repariert wird. Der Geschädigte entscheidet selbst, ob und wie er sein beschädigtes Auto reparieren lässt. Im Fall, dass der Geschädigte sein Fahrzeug nicht reparieren lässt, wird lediglich der Nettowert der veranschlagten Reparaturkosten erstattet, da ja auch tatsächlich keine Mehrwertsteuer angefallen ist.
Inwiefern gilt auch bei der fiktiven Abrechnung die Schadenminderungspflicht des Geschädigten?	Bei den veranschlagten Reparaturkosten können die üblichen Stundenverrechnungssätze einer markengebundenen Fachwerkstatt zugrunde gelegt werden. Weist die Haftpflichtversicherung des Schädigers den Geschädigten jedoch auf eine „mühelos und ohne Weiteres zugängliche freie Fachwerkstatt" mit günstigeren Verrechnungssätzen hin, die eine fachgerechte und qualitativ hochwertige Reparatur gewährleisten kann, darf die Versicherung bei der fiktiven Abrechnung diese günstigeren Verrechnungssätze ansetzen. Dies gilt aber nur für Fahrzeuge, die älter als drei Jahre sind und auch bisher nicht ausschließlich durch markengebundene Fachwerkstätten betreut wurden.
Wann zahlt die Haftpflichtversicherung des Unfallverursachers keine Umsatzsteuer aus?	Haftpflichtversicherung des Unfallverursachers zahlt keine Umsatzsteuer: – bei der fiktiven Abrechnung; – wenn der Unfallverursacher vorsteuerabzugsberechtigt ist. Die Umsatzsteuer muss der Unfallverursacher selbst entrichten. Er kann diese als Vorsteuer mit seiner eigenen Umsatzsteuerzahllast verrechnen.

14 Die Prüfung der Teileverfügbarkeit bereits bei der Terminvergabe veranlassen

14.1 Teileverfügbarkeit und Einsatz gebrauchter Fahrzeugteile

Welche Teile eignen sich als Gebrauchtteile?	Als **Gebrauchtteile** eignen sich Karosserieteile wie Kotflügel, Türen, Motorhauben, Heckklappen, Felgen, dazu Fenster und Windschutzscheiben, Scheinwerfer und Heckleuchten sowie Teile der Innenausstattung. Dazu kommen alle Arten von Kunststoffteilen wie Stoßfänger und Kühlergitter, bei denen sogar kleinere Löcher und Kratzer problemlos (und kostengünstig) beseitigt werden können. Auf keinen Fall sollte man solche Teile wiederverwenden, die der Sicherheit dienen wie Bremsen, Airbags, Gurte usw.
Welche Teile eignen sich als Austauschteile?	Als **Austauschteile** bieten sich Motoren, Zylinderköpfe, Getriebe, elektronische Steuergeräte, Lichtmaschinen, Kühler u. Ä. an.
Was ist die sogenannte zweite Teileschiene der Hersteller?	Bei der sogenannten **zweiten Teileschiene** handelt es sich um günstige Ersatzteile, die von den Herstellern angeboten werden. Bei gleicher Qualität sind Einsparungen von bis zu 30 % möglich (Stichwort: zeitwertgerechte Reparatur).
Ein Kunde lässt seine defekte gegen eine neue Lichtmaschine tauschen. Wem gehört die alte?	Die alte **defekte Lichtmaschine** ist Eigentum des Kunden. Ausnahme: Die Lichtmaschine wird im Rahmen der Gewährleistung oder Garantie ausgetauscht.

14.2 Liste von Bezugsquellen und eigenem Lager

Welche Vorteile bietet ein Eigenlager des Autohauses der Werkstatt?	Ein **Eigenlager** ist in den eigenen Geschäftsräumen untergebracht. Dadurch bietet es den Vorteil, Teile und Zubehör nach den eigenen Vorstellungen einzulagern. Außerdem sind ein direkter Zugriff, eine umfassende Kontrolle sowie ein besserer Überblick über die Bestände gegeben.
Wie kann ein Autohaus, das den Einsatz gebrauchter Fahrzeugteile anbietet, eine Versorgung mit diesen Teilen sicherstellen?	Einige Hersteller (z. B. Ford, Renault, Peugeot und Citroen, aber auch VW) haben eine zweite **Teileschiene** (z. B. motorcraft (Ford) oder Economy (VW)), über die entsprechende Teile bezogen werden können. Um darüber hinaus auf gebrauchte Teile zurückgreifen zu können, wäre eine **Kooperation mit einem Verwertungsbetrieb** (z. B. Schrottplatz) denkbar. Alternativ kann man auch versuchen, sich einen **eigenen Bestand** aufzubauen, indem man z. B. defekte Teile anderer Fahrzeuge instandsetzt und einlagert.

15 Die Kundenmobilität sicherstellen

15.1 Ersatzmobilität	
Wie stellen Sie bei einem Werkstattaufenthalt des Kundenfahrzeugs die Mobilität des Kunden sicher?	Ist der Kunde Geschädigter in einem Haftpflichtschaden, steht ihm ein **Ersatzwagen** (oder ersatzweise eine Nutzungsentschädigung) zu. In den anderen Fällen kann dem Kunden ein (in der Regel kostenpflichtiger) **Ersatzwagen** angeboten werden oder die Nutzung des **Hol- und Bringservices.** Alternativ können dem Kunden **Taxigutscheine,** ein (Elektro-)Fahrrad oder Gutscheine für den **ÖPNV** angeboten werden.

16 Rechnungen erstellen und erläutern und Zahlungen entgegennehmen

16.1 Rechnungserstellung und -erläuterung	
Warum sollte die Rechnung sofort nach der Reparatur erstellt werden?	**Rechnungsstellung direkt nach Reparatur:** – Es ist einfacher und überzeugender, wenn man dem Kunden die in Rechnung gestellten Positionen gleich genau erläutern kann. – Der Kunde kann/muss die Rechnung sofort begleichen. So wird eine zeitaufwendige Überwachung der Zahlungseingänge und – unter Umständen – ein Mahnverfahren von vornherein vermieden.
Was ist bei der Erstellung der Rechnung zu beachten?	Mit der **Rechnung** wird dem Kunden der Bruttoverkaufspreis, der die Umsatzsteuer enthält, in Rechnung gestellt. Nach der Preisangabenverordnung müssen alle Preise, die Endverbrauchern mitgeteilt werden, brutto, also inklusive der gesetzlichen Umsatzsteuer, ausgewiesen werden. Zusätzlich enthält die Rechnung auch die Nettobeträge. Damit der Kunde alle Arbeiten an seinem Fahrzeug nachvollziehen kann, sollten alle verwendeten Teile und Materialien sowie die entsprechenden Arbeitswerte aufgeführt sein. In der Regel werden den Arbeitswerten Positionsnummern zugeordnet, hinter denen sich die Zeitvorgaben der Hersteller verbergen. Darüber hinaus sind die zwingenden Angaben in Rechnungen laut § 14 UstG zu beachten.
Erläutern Sie den Begriff „Altteilesteuer".	Im Allgemeinen ist es so, dass beim Einbau eines Austauschteils das Altteil (z. B. das Getriebe) aus dem Kundenfahrzeug in den **Wiederverwertungskreislauf** übernommen wird. Es wird fachgerecht aufbereitet und damit selbst zu einem Austauschteil. Das heißt, der Kunde „verkauft" sein altes Getriebe sozusagen an das Autohaus. Für diesen Verkauf muss **Umsatzsteuer** abgeführt werden. Da ein Privatkunde grundsätzlich keine Umsatzsteuer an den Staat entrichtet, wird diese zum Bestandteil der Rechnung. Nach § 10 UStG, R 153 (3) wird für das Austauschverfahren in der Kraftfahrzeugwirtschaft eine sogenannte Altteilesteuer auf Umsätze von Tauschlieferungen erhoben.

Werkstattprozesse

	Würde der Kunde das alte Getriebe behalten, müsste er für das in seinen Wagen eingebaute Austauschteil einen höheren Betrag zahlen, was einen höheren Umsatzsteuerbetrag nach sich zöge. Bei einem Tausch der Teile wird der Wert des eingebauten Ersatzteils mit dem Wert des ausgebauten Altteils verrechnet. Die Differenz zwischen dem höheren Betrag (bei Selbstbehalt des Altteils) und dem bei Abgabe des Altteils zu zahlenden Betrag wird dabei immer mit 10 % des Wertes des Austauschteils angesetzt. Als Mehrwertsteuer auf Altteil ergibt sich folglich 19 % von 10 % des Ersatzteils. Das heißt, dass ein Austauschteil mit insgesamt 20,9 % versteuert wird (19 % + 1,9 %). Daher erscheinen auf einigen Rechnungsformularen Positionen mit 20,9 % Mehrwertsteuer.
Was ist beim Ausweisen durchlaufender Posten auf einer Rechnung zu beachten?	**Durchlaufende Posten** sind Beträge, die das Autohaus im Namen und für Rechnung eines anderen vereinnahmt und verausgabt. Sie gehören nicht zum Entgelt (§ 10 Abs. 1 Satz 6 UstG). Somit darf das Autohaus hier keine Umsatzsteuer geltend machen.
Was sollten Sie prüfen, bevor der Kunde kommt und ihm die Rechnung ausgehändigt wird?	Bevor der Kunde kommt, um sein Fahrzeug abzuholen und ihm die Rechnung ausgehändigt wird, sollte in jedem Fall noch ein **Abgleich zwischen dem Auftrag und der Rechnung** erfolgen. Stimmt der vereinbarte Arbeitsumfang? Sind alle Arbeitsmaterialien korrekt aufgeführt?
Wie verhalten Sie sich bei der Übergabe der Rechnung?	Grundsätzlich sollte dem Kunden bei Abholung seines reparierten Fahrzeugs gleich auch die **Rechnung** ausgehändigt und erläutert werden. Gehen Sie mit dem Kunden alle in Rechnung gestellten Arbeiten durch und gehen Sie dabei auf die einzelnen Positionen ein, wie z. B. die aufgeschlüsselten Lohn- und Materialkosten. So verhindern Sie den Eindruck, dass Reparaturen unnötig durchgeführt oder Teile unnötig ausgetauscht wurden.
Worauf können Sie sich beziehen, wenn der Kunde eine Preisdiskussion anfängt?	Geht es um die Ersatzteile, so verweisen Sie auf die genutzte Art (Originalersatzteile, Austauschteile oder Gebrauchtteile). Bei der Frage nach dem Zeitaufwand erklären Sie dem Kunden die entsprechenden Arbeitswerte. Hierzu können Sie auch darauf verweisen, dass Sie als Vertragswerkstatt Vorgaben der Fahrzeug-Hersteller einhalten müssen. Falls entsprechende Mehraufwände nicht schon im Vorfeld mit dem Kunden geklärt wurden, erklären Sie, warum sie notwendig waren.

16.2 Zahlungsmöglichkeiten

Nennen Sie die möglichen Zahlungsmöglichkeiten in einem Autohaus.	**Zahlungsmöglichkeiten** in einem Autohaus sind: – Barzahlung – SEPA-Basis-Lastschrift – Kreditkarte – sonstige Kartenzahlung – Onlinezahlung

Muss die Kasse im Autohaus in unbegrenzter Menge Münzgeld annehmen?	Mehr als 50 **Münzen** muss ein Geschäft nicht annehmen. Kunden können darauf hingewiesen werden, dass sie ihr Münzgeld üblicherweise bei ihrem Kreditinstitut in ein Zählgerät einwerfen und sich den Betrag auf ihrem Konto gutschreiben lassen können. Zumindest in den Filialen der Deutschen Bundesbank ist dieser Service auch kostenfrei.
Muss die Kasse im Autohaus einen großen Schein annehmen, wenn der Kunde nur einen geringen Betrag zu bezahlen hat?	Einen **großen Schein** muss man nicht annehmen, wenn dadurch die Gefahr besteht, dass für die nachfolgenden Kunden nicht mehr ausreichend Wechselgeld zur Verfügung steht. Der Kunde hat also kein Anrecht darauf, damit bezahlen zu können. Notfalls muss auf das Geschäft verzichtet werden (ob das im Rahmen der Kundenfreundlichkeit betriebswirtschaftlich sinnvoll ist, ist eine andere Frage).
Welche Möglichkeiten zur Falschgelderkennung gibt es?	Zum einen gibt es **Prüfgeräte,** mit deren Hilfe das Kassenpersonal erkennt, ob es sich um sogenannte Blüten handelt. – Dazu gehört zum Beispiel ein **Falschgeld-Prüfstift,** der durch Auftragen einer speziellen Tinte innerhalb von zwei Sekunden deutlich macht, ob es sich vermutlich um eine Fälschung handelt: Auf den echten Geldscheinen verblasst die Tinte und verschwindet nach kurzer Zeit komplett, auf Fälschungen hinterlässt die Tinte einen dunklen Fleck. – Des Weiteren gibt es kompakte **Geräte, in die die Geldscheine eingezogen** und innerhalb von einer halben Sekunde hinsichtlich der sieben Merkmale einer möglichen Fälschung kontrolliert werden. – Außerdem gibt es den „**Fühlen-Sehen-Kippen**"-Test, durch den vier der sieben enthaltenen Sicherheits-Merkmale überprüft werden können (vgl. nächste Frage). Die weiteren drei Merkmale sind mithilfe einer Lupe bzw. Infrarot- oder UV-Licht zu sehen: – An verschiedenen Stellen befindet sich eine Mikroschrift, die durch die Lupe gestochen scharf zu erkennen ist. – Unter Infrarotlicht ist im rechten Drittel ein Teil des Schein-Motivs zu erkennen, während der Rest des Motivs nur ganz blass zu sehen ist. – Unter UV-Licht leuchten die Europafahne oben links gelblich-grün und die Sterne der Fahne orange; im Mittelteil leuchten kleine Kreise rot.
Wie sieht der „Fühlen-Sehen-Kippen"-Test im Einzelnen aus?	Jede Banknote verfügt über sieben **Sicherheitsmerkmale**, von denen vier ohne weitere Hilfsmittel überprüft werden können: – Oben in der Mitte sind die Kürzel BCE ECB EZB EKT EKB als Relief spürbar (= **fühlen**). – Links in der Mitte erscheint beim Halten gegen Licht ein Wasserzeichen und – quer durch den Schein in der Mitte gibt es einen Sicherheitsfaden, der im Gegenlicht als dunkler Strich zu sehen ist (= **sehen**). – Beim Hologramm auf der rechten Seite wandern beim Schräghalten Regenbogenfarben durch den Streifen (= **kippen**).

Was sollten Sie tun, wenn Sie den Verdacht haben, Falschgeld von Ihrem Kunden bekommen zu haben?	Grundsätzlich gilt, dass das **Falschgeld der Polizei zu übergeben** ist. Wenn Sie feststellen, dass Sie Falschgeld erhalten haben, behalten Sie es ein. Geben Sie das Falschgeld also nicht an den Einreicher zurück. Geben Sie es auch nicht an andere Personen weiter. Sonst gehen Sie das Risiko ein, wegen Falschgeldverbreitung belangt zu werden. Übergeben Sie das Geld nur der Polizei. Stecken Sie das Falschgeld in einen Briefumschlag oder eine Papiertüte. Achten Sie darauf, dass das Falschgeld von so wenigen Personen wie möglich angefasst wird. Sagen Sie dem Kunden, dass mit dem Geld etwas nicht stimmt und Sie es überprüfen müssen. Informieren Sie ihn darüber, dass er sein Geld zurückbekommt, falls Sie sich irren. Bitten Sie ihn dazu um Namen, Adresse und Bankverbindung. Benachrichtigen Sie immer die Polizei über den Notruf 110 und den Sicherheitsdienst (falls vorhanden). Teilen Sie das dem Kunden mit und bitten Sie ihn zu warten. **Allerdings hat Ihre eigene Sicherheit immer Vorrang!** Das heißt, dass Sie nur wie beschrieben vorgehen, wenn Sie nicht bedroht werden. Wenn Sie nicht die Polizei rufen können: Prägen Sie sich das Aussehen des Kunden, von dem Sie das Falschgeld erhalten haben, und das von Begleitpersonen gut ein, damit Sie der Polizei eine möglichst genaue Personenbeschreibung geben können. Achten Sie darauf, in welche Richtung die Person sich entfernt, und notieren Sie ggf. Typ und Kennzeichen des Fahrzeugs. Falls bei Ihnen Überwachungskameras installiert sind, achten Sie darauf, dass die Aufzeichnungen des entsprechenden Tages gesichert und der Polizei zur Verfügung gestellt werden.
Grenzen Sie die SEPA-Basislastschrift von der SEPA-Firmenlastschrift ab.	Der **Unterschied** zwischen der **SEPA-Basislastschrift** und der **SEPA-Firmenlastschrift** liegt darin, dass bei der Basislastschrift der Endkunde eine Privatperson ist. Die Firmenlastschrift hingegen ist ausgelegt auf den Zahlungsverkehr zwischen Unternehmen. Ein wesentliches Unterscheidungsmerkmal der beiden SEPA-Varianten ist, dass bei der Firmenlastschrift eine Rückbuchung durch den Zahlungspflichtigen nicht mehr möglich ist. Anders sieht es bei der Basislastschrift aus. Hier kann der Kunde eine Rückbuchung vornehmen (innerhalb der ersten acht Wochen nach der Belastung seines Kontos). Außerdem unterscheiden sich beide Varianten dahingehend, dass bei der Basislastschrift keine Überprüfung der Lastschrift durch die Bank des Zahlungspflichtigen erfolgen muss. Bei der Firmenlastschrift muss eine entsprechende Überprüfung erfolgen. Daher ist auch ein entsprechendes Lastschriftmandat (in Kopie) bei der Bank zu hinterlegen.
Wie erfolgt die Zahlung per Kreditkarte im Autohaus?	**Zahlung per Kreditkarte:** – Der Kunde schiebt die Karte in ein Kartenterminal ein; – Aufbau einer Online-Verbindung zur Kartenzentrale zur Prüfung; – Zweifachausdruck eines Belegs; – Kunde unterschreibt einen Beleg. Den unterschriebenen Beleg behält das Vertragsunternehmen, den anderen erhält der Kunde;

	– Händler hat nun eine Forderung gegenüber der Kreditkartengesellschaft, die diese unter Abzug einer Provision begleicht (Provision zwischen 2 % und 4 %, zum Teil bis zu 6 % vom Umsatz).
	– Kreditkartengesellschaft hat wiederum gegenüber dem Kunden eine Forderung. Je nach Kreditkartenarten erfolgt die Kontobelastung beim Kunden sofort (debit-card) oder am Monatsende werden die Forderungen summiert.
Beschreiben Sie kurz das Verfahren, das hinter der Girocard steht.	Bei der Girocard handelt es sich um ein strikt PIN-basiertes Debitverfahren, bei dem Transaktionen sofort nach der Belegeinreichung durch den Händler dem Händlerkonto gutgeschrieben werden.
Wie erfolgt die Kundenlegitimation bei der bargeldlosen Zahlungsart „ec-cash"?	**Kundenlegitimation bei ec-cash:** Die Girocard des Kunden wird in den Terminal eingeführt und der Kunde legitimiert sich mit seiner **PIN-Nummer.**
Welche Argumente sprechen aus Händlersicht für das ELV und welche für das ec-cash-Verfahren?	**Pro ELV:** Es entstehen weniger Kosten als beim ec-cash-Verfahren. **Pro ec-cash:** Zahlungsgarantie: Durch die PIN-Prüfung wird die Kontodeckung überprüft und die Zahlung erfolgt zeitnah auf das Händlerkonto durch die PIN-Eingabe. Beim ELV findet keine Prüfung der Kontodeckung statt, ggf. kann die Lastschrift des Händlers nicht überwiesen werden. Weiterhin hat der Kunde bei einer Lastschrift stets sechs Wochen Zeit, diese Lastschrift zurückzubuchen. Gegebenenfalls folgt dann noch nachträglich ein aufwendiges Mahnverfahren.
Beim Onlineeinkauf wird sehr häufig der Bezahldienst PayPal genutzt. Erklären Sie, wie die Zahlung über diesen Anbieter abläuft.	**PayPal-Zahlungen** laufen wie folgt ab: 1. Der Kunde eröffnet ein Konto. Dafür meldet er sich mit seiner E-Mail-Adresse an und legt ein Passwort fest. 2. Der Kunde gibt persönliche Daten inklusive Konto- oder Kreditkartennummer ein. 3. Der Kunde kauft bei einem Online-Shop ein. 4. Es erfolgt die Weiterleitung auf die Website des Bezahldienstes. 5. Der Bezahldienst bestätigt dem Online-Shop die Überweisung. 6. Der Bezahldienst belastet das Konto oder die Kreditkarte des Kunden.
Wie gewährleisten Banken die Sicherheit beim Onlinebanking?	Um die Sicherheit beim **Onlinebanking** zu gewährleisten, wird der Zugang zum Konto über das Internet durch die Eingabe einer PIN geschützt. Darüber hinaus wird jede Transaktion durch die Eingabe einer nur einmal gültigen Transaktionsnummer (TAN) gesichert.

Erklären Sie den Verrechnungsscheck und begründen Sie, warum diese Scheckart als relativ sichere Zahlungsart angesehen wird.	Einen **Verrechnungsscheck** darf ein Kreditinstitut nur bargeldlos, durch „Verrechnung", einlösen (Art. 39 Abs. 2 Scheckgesetz). Das bedeutet, dass der Scheckbetrag vom Konto des Scheckausstellers auf das Konto des Scheckübergringers überwiesen wird. Für diese Zahlungsform verwendet man einen Barscheck, der durch den quer über die Vorderseite gesetzten Vermerk „Nur zur Verrechnung" oder durch einen gleichbedeutenden Vermerk zum Verrechnungsscheck wird. Der Verrechnungsscheck ist ein relativ sicheres Zahlungsmittel, da in Zweifelsfällen der Weg vom Zahlenden zum Zahlungsempfänger zurückverfolgt werden kann.
Erläutern Sie die Unterschiede zwischen einem Dauerauftrag und dem Lastschriftverfahren.	**Dauerauftrag** Eine besondere Form der Überweisung ist der Dauerauftrag. Damit weist der Zahlende sein Kreditinstitut an, Zahlungen, die regelmäßig und in gleicher Höhe anfallen, für ihn automatisch zu tätigen. Ein Dauerauftrag eignet sich z. B. zur Zahlung von Miete und Kredit- oder Versicherungsraten. Daueraufträge können vom Auftraggeber durch Widerruf beim beauftragten Kreditinstitut gelöscht werden. **Lastschriftverfahren** Das Lastschriftverfahren eignet sich für Zahlungen, die regelmäßig, aber in unterschiedlicher Höhe anfallen, wie z. B. für Gas- oder Stromkosten und Telefongebühren.
Welchen Vorteil bietet im Rahmen des Lastschriftverfahrens das Einzugsermächtigungsverfahren gegenüber dem Abbuchungsverfahren?	Beim Einzugsermächtigungsverfahren ermächtigt der Zahlungspflichtige den Zahlungsempfänger, per Lastschrift einzuziehen. Innerhalb von sechs Wochen nach der Belastung des Kontos des Zahlungspflichtigen besteht ein Widerrufsrecht. Mit dem Widerspruch der Lastschrift durch den Zahlungspflichtigen erlischt allerdings nicht automatisch dessen Verpflichtung zur Zahlung. Bei berechtigten Ansprüchen muss der Zahlungsempfänger nun das Mahnverfahren anstreben. Beim **Abbuchungsauftragsverfahren, das vor allem im Firmengeschäft verwendet wird,** hat der Zahlungspflichtige seinem Kreditinstitut schriftlich mitgeteilt, dass Lastschriften eines bestimmten Zahlungsempfängers bis zu einer bestimmten Höhe abgebucht werden dürfen. Der Zahlungsempfänger veranlasst dann die Abbuchung. Hier können die abgebuchten Zahlungen nicht widerrufen werden, da vorab die Rechtmäßigkeit der Abbuchung durch die Bank des Zahlungspflichtigen überprüft wurde. Der Abbuchungsauftrag kann jederzeit widerrufen werden.
Was ist ein Barscheck?	Der **Barscheck** ist eine Anweisung an ein Geldinstitut, dem Inhaber des Schecks einen bestimmten Geldbetrag zulasten des Scheckausstellers auszuzahlen. Derjenige, der einen unterschriebenen Scheck bei einem Kreditinstitut vorlegt, bekommt den Geldbetrag ausgezahlt, vorausgesetzt, das bezogene Konto weist ein Guthaben über den Scheckbetrag auf oder es verfügt über einen entsprechenden Kreditrahmen.
Was ist ein Verrechnungsscheck?	Durch den Vermerk **„Nur zur Verrechnung"** wird aus einem Barscheck ein **Verrechnungsscheck,** der dem Überbringer nicht bar ausgezahlt, sondern auf dessen Konto gutgeschrieben wird.

16.3 Schiedsstelle

Wozu wurden Schiedsstellen im Kfz-Gewerbe eingeführt?	**Aufgaben einer Schiedsstelle:** Die Schiedsstelle ist eine neutrale Kommission für den Verbraucherschutz. Sie regelt Beschwerden im Vorverfahren ohne gerichtliche Auseinandersetzung. Dadurch schafft sie es, Meinungsverschiedenheiten zwischen Autokunden und Kfz-Meisterbetrieben schnell, unbürokratisch, mit hohem Sachverstand und für den Verbraucher kostenlos aus der Welt zu schaffen. Die Schiedsstellen in Deutschland lösen Konflikte, die sich aus dem Service oder aus dem Gebrauchtwagenkauf ergeben. Sie befassen sich nicht mit Streitigkeiten, die bei Gericht anhängig sind.
Wegen welcher Streitpunkte kann sich ein Kunde an die Schiedsstelle wenden?	Die Schiedsstelle kümmert sich um die folgenden Streitpunkte: – die Notwendigkeit von Reparaturen – die ordnungsgemäße Durchführung von Werkstattleistungen – die Angemessenheit von Reparaturen – die Angemessenheit von gestellten Rechnungen – Streitigkeiten aus Kaufverträgen über gebrauchte Fahrzeuge (mit dem zulässigen Gesamtgewicht von nicht mehr als 3,5 Tonnen) zwischen Käufer und dem Kfz-Betrieb als Händler – Streitigkeiten bezüglich Mängeln an Fahrzeugen

Umweltschutz

Hinweis: Das Thema Umweltschutz wird integrativ im Prüfungsbereich „Warenwirtschafts- und Werkstattprozesse" geprüft.

1	**Umweltbelastungen durch den Ausbildungsbetrieb und sein Beitrag zum Umweltschutz** 126	**3**	**Wirtschaftliche und umweltschonende Energie- und Materialverwendung** 129
1.1	Ursachen und Quellen von Umweltbelastungen 126	3.1	Nachhaltiges Wirtschaften 129
2	**Geltende Regelungen des Umweltschutzes anwenden** 127	**4**	**Abfälle vermeiden sowie Stoffe und Materialien umweltschonend entsorgen** 131
2.1	Gesetze und Verordnungen zum Umweltschutz 127	4.1	Umweltschonende Entsorgung 131
2.2	Umweltkonzepte und Umweltschutzpolitik 128		
2.3	Umweltzeichen und Entsorgungszeichen 129		

1 Umweltbelastungen durch den Ausbildungsbetrieb und sein Beitrag zum Umweltschutz

1.1 Ursachen und Quellen von Umweltbelastungen

Nennen Sie fünf Anlagen in einer Kfz-Werkstatt, die viel Strom verbrauchen.	Folgende Anlagen in einer Kfz-Werkstatt **verbrauchen viel Strom:** – Lackieranlage – Waschanlage – Heizungsanlage – Druckluftanlage – Beleuchtung
Nennen Sie zu jeder Anlage eine Maßnahme, um Energie einzusparen.	**Lackieranlage** Es sollte darauf geachtet werden, dass die Zu- und Abluftanlage der Lackieranlage nur dann eingeschaltet ist, sofern ein Lackiervorgang läuft. **Waschanlage** Da in der Regel warmes Wasser zum Einsatz kommt, sollte es energiesparend vorgewärmt werden. So kann das Wasser z. B. durch das Nutzen der Abwärme der vorhandenen Druckluftkompressoren erwärmt werden. **Heizungsanlage** Hier kann die Nutzung einer Zeitsteuerung nützlich sein, die z. B. betriebsfreie (Feier-)Tage berücksichtigt. **Druckluftanlage** Eine regelmäßige Kontrolle und Wartung hilft dabei, undichte Stellen zu identifizieren, um sie dann zeitnah zu reparieren. **Beleuchtung** Hier wäre eine Möglichkeit, die zu beleuchtenden Bereiche in Zonen zu unterteilen, deren Schalter unabhängig voneinander funktionieren oder sich nur im Bedarfsfall, z. B. per Bewegungsmelder, einschalten.
Durch den unsachgemäßen Umgang mit Gefahrstoffen kann es zu erheblichen Umweltbelastungen kommen. Welche Stoffe in einer Kfz-Werkstatt sind für das Grundwasser besonders gefährlich? Nennen Sie sechs.	Gelangt einer der folgenden Stoffe in das **Grundwasser,** so kann dies zu erheblichen Verschmutzungen führen: – Motoröl – Bremsflüssigkeit – Benzin und Diesel – Batteriesäure – Frostschutzmittel – Kühlmittel
Arbeiten Sie in einer Kfz-Werkstatt, sollte Ihnen die Gefahrstoffverordnung bekannt sein. Was ist ihr Zweck?	Die **Gefahrstoffverordnung** dient dazu, Menschen sowie die Umwelt vor schädlichen Einflüssen zu schützen. Sie zielt dabei auf den Arbeitsschutz, Verbraucherschutz sowie Umweltschutz und beinhaltet Regelungen, Maßnahmen und Beschränkungen im Umgang mit gefährlichen Stoffen.

Umweltschutz

Begründen Sie, warum zeitwertgerechte Reparaturen und Smart-Repair-Angebote helfen, die Müllerzeugung zu reduzieren.	Durch eine zeitwertgerechte Reparatur oder Smart-Repair-Angebote kann das Müllaufkommen verringert werden, da in beiden Fällen keine neuen Teile zum Einsatz kommen. Im Rahmen einer **zeitwertgerechten Reparatur** kann z. B. auf Austausch- und Gebrauchtteile zurückgegriffen werden. Diese Wiederverwendung führt zur Abfallvermeidung. Außerdem können die Umweltressourcen effizienter genutzt werden. Bei **Smart-Repair-Angeboten** kommen auch keine Neuteile zum Einsatz. Vielmehr werden die beschädigten Teile instandgesetzt und bleiben in Gebrauch. Das Entsorgen ausgetauschter Teile entfällt.
Auf welchen Bereich des Umweltschutzes sollte das Autohaus mehr achten: die Müllvermeidung oder die Müllentsorgung?	Wichtig sind beide Aspekte. Allerdings sollte zunächst immer überlegt werden, wie Abfall vermieden werden kann. Das kann z. B. schon durch eine Anpassung in den betrieblichen Abläufen möglich sein. Eine entsprechende Müllvermeidung kann dabei nicht nur positive Auswirkungen auf die Umwelt haben, sondern sich auch positiv auf die betrieblichen Kosten auswirken.

2 Geltende Regelungen des Umweltschutzes anwenden

2.1 Gesetze und Verordnungen zum Umweltschutz

Nennen Sie fünf Gesetze/Verordnungen, die ein Autohaus im Rahmen des Umweltschutzes beachten muss.	– Kreislaufwirtschaftsgesetz – Verpackungsverordnung – Altfahrzeugverordnung – Altölverordnung – Batteriegesetz – Elektro- und Elektronikgerätegesetz
Was ist ein wesentlicher Bestandteil der Verordnungen und Gesetze, die ein Autohaus im Rahmen des Umweltschutzes beachten muss?	Alle diese Gesetze beinhalten im Prinzip eine **Rücknahmeverpflichtung** seitens der Hersteller, die über die Händler abgewickelt wird. Das bedeutet, dass ein Kunde immer dann, wenn er ein neues Produkt kauft, das alte Produkt bei diesem Händler abgeben kann oder der Händler den Kunden an eine Annahmestelle in zumutbarer Entfernung verweisen darf.
Was besagt das Kreislaufwirtschaftsgesetz?	Beim **Kreislaufwirtschaftsgesetz** (KrWG) geht es um – die Behandlung, den Transport und die Entsorgung von Produkten sowie – unter Umständen um die Nachweisführung über den Verbleib von Produkten, für die aufgrund der von ihnen ausgehenden Gefahren besondere Regeln gelten.

	Es geht darum, Produkte und Stoffe so einzusetzen, dass sie nach ihrem Gebrauch wieder in den Produktionskreislauf übernommen werden können. Durch Recycling werden die natürlichen Ressourcen geschont und Abfallberge vermindert. Mittelbar dient es somit dem Schutz von Mensch und Umwelt und der Erhaltung unseres Planeten für nachkommende Generationen.
Was ist in der Verpackungsverordnung geregelt?	Hersteller und Händler müssen die Verkaufs-, Transport-, Um-, Getränke- und Mehrwegverpackungen zurücknehmen oder sich an einem System beteiligen, das diese Verpackungsarten einsammelt. So entstand das Duale System Deutschland, auch bekannt als der „Grüne Punkt".

2.2 Umweltkonzepte und Umweltschutzpolitik

Welche Aspekte und Ansätze sollte ein Autohaus im Rahmen eines ganzheitlichen Umweltkonzepts berücksichtigen? Geben Sie drei Beispiele.	Die Grundlage für ein **ganzheitliches Umweltkonzept** sollte ein nachhaltiges und umweltbewusstes Handeln sein. Dabei sollte beispielsweise auf einen schonenden Umgang mit Ressourcen sowie einen verantwortungsvollen Umgang mit gefährlichen Stoffen geachtet werden. Für eine Werkstatt ergeben sich dabei folgende Ansatzpunkte: – ein durchdachtes Abfall- und Entsorgungsmanagement (z. B. Entsorgung von Schadstoffen durch qualifizierten Dienstleister) – Reduzierung des anfallenden Mülls bzw. Vermeidung von unnötigen Abfällen – regelmäßige Kontrolle und Wartung aller Anlagen (z. B. Leichtflüssigkeitsabscheideranlage) – Einhaltung der gesetzlichen Vorschriften Damit das Thema Umweltschutz präsent ist, sollten alle Mitarbeiter regelmäßig Schulungen erhalten. Auch durch die Unterstützung durch einen externen Berater können die Aspekte des Umweltschutzes noch stärker herausgearbeitet werden.
Was sollte bei der Umsetzung von Umweltschutzmaßnahmen besonders berücksichtigt werden?	– Grundsätzlich ist darauf zu achten, dass gesetzliche Vorgaben und Richtlinien beachtet werden. – Betriebliche Vorgehensweisen und Tätigkeiten sollten regelmäßig hinsichtlich ihrer Auswirkungen auf die Umwelt geprüft werden. – Allen Mitarbeitern sollte ein umwelt- sowie verantwortungsbewusstes Handeln vermittelt werden. – Auch Lieferanten können hinsichtlich ihrer Umweltschutzmaßnahmen bewertet werden. – Zudem sollte eine Transparenz der Maßnahmen für die Öffentlichkeit (die Kunden) gegeben sein.

2.3 Umweltzeichen und Entsorgungszeichen

Unterscheiden Sie Umwelt- und Entsorgungs-zeichen voneinander. Geben Sie zudem je ein Beispiel.	Bei einem **Umweltzeichen** handelt es sich um ein Label, das Dienstleistungen sowie Produkte hinsichtlich ihrer positiven Umwelteigenschaften kennzeichnet. Dabei kann es beispielsweise um einen besonders umweltfreundlichen Herstellungsprozess gehen oder die umweltschonende Entsorgung. Ziel ist es, das Umweltbewusstsein der Nutzer zu fördern und die Nachfrage nach umweltfreundlichen Produkten zu erhöhen. Vergeben werden Umweltzeichen z. B. durch unabhängige Prüfungsinstitute. Das wohl bekannteste ist der „Blaue Engel". Demgegenüber sind Produkte mit einem **Entsorgungszeichen** gekennzeichnet, die recyclebar sind. Sie dienen z. B. als Hilfe beim Sortieren von Wertstoffen. Ziel ist es, durch das Recycling Ressourcen zu sparen, indem die gesammelten und getrennten Wertstoffe wieder in den Produktionsprozess einfließen können. Das in diesem Zusammenhang wohl bekannteste Label ist der „Grüne Punkt".

3 Wirtschaftliche und umweltschonende Energie- und Materialverwendung

3.1 Nachhaltiges Wirtschaften

Erklären Sie den Begriff „Nachhaltigkeit".	Die **Nachhaltigkeit** ist ein Leitbild, welches sich auf ein positives ökologisches, wirtschaftliches und politisches Handeln bezieht. Dabei betrifft das Handeln sowohl die gegenwärtigen als auch die zukünftigen Entwicklungen. Ziel ist es, die Bedürfnisse der gegenwärtigen sowie der zukünftigen Generationen zu sichern.
Was verstehen Sie unter einem umweltfreundlichen Produkt?	Ein **umweltfreundliches Produkt** ist dadurch gekennzeichnet, dass es die Umwelt weniger belastet als ein vergleichbares konventionelles Produkt. Dabei richtet sich der Blick nicht nur auf die Herstellung des Produktes, sondern z. B. auch auf die Weiterverarbeitung, den Transport und die Entsorgung.
Geben Sie zwei Beispiele für den Einsatz umwelt-freundlicher Produkte bzw. Services in einer Werkstatt.	– Das Beheben von kleineren Schäden per Smart-Repair. Dellen, Kratzer etc. werden beseitigt, ohne Karosserieteile auszutauschen. – Als Serviceleistung, z. B. im Rahmen einer Inspektion, den Kunden darauf hinweisen, wie er Kraftstoff sparen kann. Beispielsweise durch das regelmäßige Prüfen des Reifendrucks oder das Abnehmen einer Dachbox, die eigentlich nicht gebraucht wird.
Worauf sollten Sie bei der Anschaffung eines neuen Geräts aus Umweltsicht achten?	Achten Sie auf die Energiebilanz und -effizienz des Geräts. Ver-gleichen Sie im Zweifelsfall die Produkte unterschiedlicher Her-steller. Auch die spätere umweltgerechte Entsorgung sollte sichergestellt sein.

Umweltschutz

Nennen Sie drei Maßnahmen, mit denen in einer Werkstatt der Energieverbrauch reduziert werden kann.	– Viele Geräte benötigen Energie, wie z. B. Diagnose- oder Ladegeräte. Es sollte darauf geachtet werden, dass diese nur am Netz und eingeschaltet sind, sofern sie gebraucht werden. – Es sollte darauf geachtet werden, dass die Toranlagen einer Werkstatt regelmäßig gewartet werden, um Mängel zu erkennen. Eine defekte sowie schlecht gedämmte Anlage führt zu einem Wärme- und somit Energieverlust. – Das Beleuchtungskonzept sollte auf die Anforderungen abgestimmt sein. Unter Umständen ist es nicht erforderlich, dass die gesamte Werkstatt permanent beleuchtet ist. So könnte z. B. die Beleuchtung in bestimmten Bereichen per Bewegungsmelder aktiviert werden. Außerdem ist auf den Einsatz umweltfreundlicher und energiesparender Leuchtmittel zu achten.
Wo bestehen im Autohaus Möglichkeiten zur Schonung und Einsparung von natürlichen Ressourcen? Nennen Sie vier Beispiele.	– Umgang mit Elektrogeräten, Licht und Wasser – Frage nach einem energiesparenden Heizsystem – Anschaffungen für Büros, Arbeitsplätze und Werkstatt – wiederverwendbare Transportverpackungen
Erklären Sie den Begriff „Fair Trade".	Bei **Fair Trade** handelt es sich um einen kontrollierten Handel zwischen den Erzeugern und den Unternehmen. Ziel ist es, die Lebens- sowie Arbeitsbedingungen der Erzeuger in Schwellen- und Entwicklungsländern (z. B. Kleinbauern) zu verbessern. Abhängig von den Produktionskosten werden Mindestpreise vereinbart. Außerdem gibt es vereinbarte Standards für Arbeitsbedingungen, die ein menschenwürdiges Arbeiten garantieren.

4 Abfälle vermeiden sowie Stoffe und Materialien umweltschonend entsorgen

4.1 Umweltschonende Entsorgung

Warum ist das Vermeiden von Abfall so wichtig?	Das Vermeiden von Abfällen schont die Ressourcen. Außerdem schützt es die Menschen und die Umwelt. Durch das Verringern bzw. Vermeiden von Abfall können schädliche Auswirkungen sowohl auf die Umwelt als auch auf die Gesundheit der Menschen reduziert werden. Darüber hinaus können Energie und Kosten eingespart werden, die für eine ordnungsgemäße Entsorgung anfallen würden.
Was ist bei der Entsorgung von Altreifen zu beachten?	Laut dem Kreislaufwirtschaftsgesetz müssen **Altreifen ordnungsgemäß entsorgt** werden. Es handelt sich hierbei um einen nachweispflichtigen Abfall, dessen Entsorgung dokumentiert werden muss. Eine Entsorgung außerhalb der gesetzlichen Bestimmungen ist nicht erlaubt. Da Reifen nicht nur aus Gummi bestehen, gelten sie als **Verbundabfall.** Um eine fachgerechte Entsorgung zu gewährleisten, muss eine Trennung in die Materialbestandteile erfolgen. Diese Aufgabe kann nur von spezialisierten Fachbetrieben erledigt werden. Eine illegale Entsorgung von Reifen kann die Umwelt gefährden. So können Schadstoffe in das Ökosystem gelangen, die auch eine Auswirkung auf das Grundwasser haben. Auf diesem Weg kann dann eine gesundheitliche Gefährdung für die Menschen entstehen. Wird man bei der **illegalen Reifenentsorgung** erwischt, kann dies, je nach der Schwere des Verstoßes, zu einem hohen **Bußgeld** von bis zu 50.000,00 € führen.
Warum ist das Trennen und Recyclen von Abfällen auch in einem Autohaus wichtig?	Aus der Verantwortung jedes Einzelnen für den Erhalt der Umwelt, aber natürlich auch aus der Verantwortung für die Gesundheit und Unversehrtheit der Mitarbeiter, erwächst für jedes Autohaus die Verpflichtung, Abfälle, soweit es möglich ist, zu vermeiden und entstandene Abfälle umweltgerecht zu entsorgen. Gesetzliche Grundlage für diese Verpflichtung ist das Abfallrecht, das in Deutschland vor allem durch das Kreislaufwirtschaftsgesetz (KrWG) und eine Vielzahl von Rechtsverordnungen geregelt ist.

Stichwortverzeichnis

A
ABC-Analyse 23
Abfall 131
Abschlussfreiheit 35
Abschlussprüfung 8
Abzahlungskauf 37
Accessoires 20
äußere Erscheinung 60
aktives Zuhören 61
Akzentbeleuchtung 78
Allgemeinbeleuchtung 78
Allgemeine Geschäftsbedingungen (AGB) 41
Altautoannahmestelle 97
Alternativangebote 69
Alternativfrage 63, 67
Altfahrzeugverordnung 97
Altölverordnung 97
Altreifen 131
Altteilesteuer 117
Anfechtungsfristen 39
Anfrage 25
Anfrageschreiben 25
Angebot 25
Angebotsfristen 28
Angebotsvergleich 29
Anpassungsfunktion 51
Anpreisungen 29
Anti-Blockier-System (ABS) 84
Antrag 25
Antriebstechnologie 85
Anzahlung 72
Appellebene 60
Aquaplaning 82
Arbeitsplanung 109
Arbeitsverhältnis 33
Arbeitswertekatalog 106
Assistenzsystem 84
Aufgabe
  – gebundene (programmierte) 15
  – ungebundene (offene) 14
Auftragsannahme 107
Ausbildungsordnung 10
Ausgangsrechnung 70
Auslaufsortiment 54
Ausstellungen 25
Austauschteile 20, 104, 116
Auswahlaufgabe 15

B
Barkauf 37
Barscheck 122
Barzahlung 118
Batteriegesetz 97
Bedarfsermittlung 62
Beförderungskosten 27
Begrüßung 62
Benzinmotor 85
Beobachtungszone 76
Beratungszone 76
Beschwerdemanagement 72
Besitz 39
Bestandsrisiko 22
Bestellrhythmusverfahren 24
Bestellung 20, 31
Bestellvorschlagliste 23
Bestellzeitpunktverfahren 24
Bestimmungskauf 36
betrieblicher Zahlungsverkehr 48
Betriebssicherheit 80
bewegliche Sachen 39
Beweislastumkehr 73
Bewertungskriterien
  – qualitative 30
  – quantitative 29
Beziehungsebene 60
Bezugsquellen 24
Bonus 27
Brandschutzzeichen 99
Bringschuld 26
Bruttorechnungsbetrag 71
Buchungssätze 17
Bückzone 77
bürgerlicher Kauf 36
Bußgeld 131

C
Certificate of Conformity (CoC) 107
chaotisches Lagersystem 52

D
Datenschutz 100
datenschutzrechtliche Einwilligungserklärung 100
Datumsaufgaben 16
Dauerauftrag 49, 122
Dealer-Management-System (DMS) 46
Deckungskauf 57
DEKRA 102
Dialogannahme 80
Dienstverhältnis 33
Dienstvertrag 38
Dieselmotor 85
Differenzentschädigung 113
Differenzial 81
Direktannahme 80

Distanzzone
  – öffentliche 62
  – persönliche 62
  – vertrauliche 62
DOT-Nummer 81
durchlaufender Posten 118
durchschnittliche Lagerdauer 21
durchschnittlicher Lagerbestand 21

E
ec-cash 121
Eigenlager 116
Eigentum 39
Eigentumsvorbehalt
  – erweiterter 40
  – verlängerter 40
  – weitergeleiteter 40
Eingangsrechnung 48
Eingangszone 76
Einkauf 20
Einwandbehandlung 66
Elektro- und Elektronikgerätegesetz 97
elektronisches Stabilitätsprogramm (ESP) 84
ELV 121
Empfänger 43
Empfangsbestätigung 42
Empfehlung 68
Entsorgung 97, 131
Entsorgungszeichen 129
Erdgasfahrzeug 102
Erfüllungsgeschäft 38
Erfüllungsort 26
Ergänzungsangebote 69
Ergänzungsartikel 69, 77
Ersatzmobilität 117
Ersatzteile 20, 108
Erstzulassung 108
Erwartungshaltung 100
EU-Datenschutz-Grundverordnung 100

F
Fachpraktische Übung 10
Fahrsicherheit 20
Fahrzeugdaten 107
Fahrzeug-Identifizierungsnummer (FIN) 108
Fahrzeugschein 107
Fahrzeugsicherheit
  – aktive 86
  – passive 86

Fair Trade 130
Falschgeld 120
Falschgeld-Prüfstift 119
Falschlieferung 43
fehlerhafte Montageanleitung 43
Fernabsatzvertrag 37
Festplatzsystem 51
fiktive Abrechnung 115
First in – first out (Fifo) 53
Fixgeschäfte 71
Fixhandelskauf 71
Fixkauf 37, 45
Fragen
– geschlossene 63
– offene 63
Freizeichnungsklauseln 29
Fremdleistungen 110
Füllmenge 93
Füllstand 93
Funktionsprüfung 102

G
Garantie 89
Gasentladungslampe 83
Gattungskauf 36
Gattungsschuld 26
Gebotszeichen 99
Gebrauchsvorteil 91
Gebrauchtteile 20, 104, 116
Gefährdungshaftung 112
Gefahrenübergang 26
Gefahrstoffe 99
Gefahrstofflager 53
Gefahrstoffverordnung 126
Gerichtsstand 28
– allgemeiner 28
– besonderer 28
Geschäftsfähigkeit
– beschränkte 32
– unbeschränkte (volle) 34
Geschäftsunfähigkeit 32
gesetzliche Rücknahmeverpflichtung 59
gesetzliche Schriftform 35
Gesprächsförderer 60
Gesprächsstörer 60
Gestik 61
gestreckte Abschlussprüfung 8
Getriebe 81
Gewährleistung 88
Greifzone 77
Gutachten 113
Gutachter 94, 111, 113

H
Haftpflichtschaden 111
Halogenlampe 83
Handelsgeschäft 34
Handelskauf
– einseitiger 36
– zweiseitiger 36, 42
Hauptuntersuchung 101
Heckantrieb 82
Herrschaft
– rechtliche 39
– tatsächliche 39
Herstellermarke 55
Höchstbestand 23
Hoheitsträger 31
Holschulden 26
HU-Adapter 102
Hydraulik 83

I
Impulsartikel 55, 77
individuelle Absprachen 41
Inhaltsfreiheit 35
Insassenunfallversicherung 112
Inspektion 87
Integritätsinteresse 114
Internet 24

J
Ja-Frage 67
Jahreszinssatz 50

K
Kassenzone 76
Katalysator 85
Kauf auf Abruf 37, 71
Kauf auf Probe 36
Kauf en bloc 36
Kauf in Bausch und Bogen 36
Kauf nach Probe 36
Kauf zur Probe 36
Kaufaufforderung 68
Kaufentscheidung 67
Kaufgegenstand 25
Kaufkater 69
Kaufmann 29
Kaufmotive
– objektive (rationale) 63
– subjektive (emotionale) 63
Kaufsignale
– körpersprachliche (nonverbale) 67
– sprachliche (verbale) 67
Kaufvertrag 38
Kaufvertragsarten 36
Kaufvertragsrecht 31
Kaufwunsch 78

Kernsortiment 54
Klausel
– mehrdeutige 41
– überraschende 41
– unwirksame 41
Komfort 20
Komfortsystem 84
Kommissionierung
– manuelle 59
– parallele 59
– serielle 59
Kommissionskauf 36
Kommunikation
– nonverbale 60
– verbale 60
Kommunikationsstörung 60
Konnektivität 84
Kontenklasse 17
Kontierungsaufgabe 16
Kontokorrentvorbehalt 40
Kontrahierungszwang 35
Kontrollfrage 63
Kosten 22
Kostenvoranschlag 106
Kraftübertragung 81
Kreditkarte 118
Kreislaufwirtschaftsgesetz (KrWG) 97, 127
Kulanz 90
Kundenbeschwerden 72
kundenbezogene Aussage 65
Kundendaten 107
Kundendienst 69
Kundeneinwände 66
Kundenorientierung 60

L
Ladenecken 76
Lager
– dezentrales 52
– zentrales 52
Lagerkennzahlen 21
lagernahe Zone 76
Lagerraum 22
Lagerverwaltung 22
Lagerzinssatz 22
Langsamdreher 78
Längsplatzierung 76
Last in – first out (Lifo) 53
Lastschriftverfahren 49, 122
Leistungsort 25
Lernfelder 11
Lichtmaschine 83
Lieferantenkredit 50
Lieferbedingungen 25, 30
Lieferschein 42
Liefertermin 27

Lieferungsverzug 56
Lieferzeitpunkt 27

M
Magnetartikel 78
Mangel
– arglistig verschwiegener 44
– erheblicher 44
– geringfügiger 44
– offener 44
– versteckter 44
Mängelfeststellung 43
Mängelrüge 44
Markenartikel 55
Meldebestand 23
Mengenrabatt 27
Messen 25
Mietwagen 95
Mimik 61
Mindestbestand 23
Mittelzone 76
Mobilitätsgarantie 100
Montagemangel 43

N
Nachbesserung 44
Nacherfüllung 44, 88, 103
Nachfrist 58
Nachhaltigkeit 129
Nachlieferung 44
netto Kasse 72
Neulieferung 90
Nichtkaufmann 29
Nicht-rechtzeitig-Lieferung 56
Nockenwelle 85
notarielle Beurkundung 35
Nutzungsausfall 115
Nutzungsentschädigung 91
Nutzungsvergütung 91
öffentliche Beglaubigung 35

O
Onlinebanking 121
Onlinezahlung 118
optimale Bestellmenge 24
optimaler Lagerbestand 22
Originalersatzteile
– qualitativ gleichwertige 20
– qualitativ unterschiedliche 20

P
PayPal 121
Personalrabatt 27
Personen
– natürliche 31
– juristische 31

Phasen des Verkaufsgesprächs 62
Preisnachlass 27
Preisnennung 66
Privatrecht 31
Probesortiment 54
Produkthaftungsgesetz 91
Prüfung
– mündliche 10
– schriftliche 10
Prüfungsausschuss 11
Prüfungsbereich 9
Prüfungsverfahren 9
Prüfungszeiten 9

Q
qualifizierte Schickschuld 26
Qualität 30, 68
Qualitätskontrolle 43
Qualitätsmangel 43
Quantitätsmangel 43
Querplatzierung 76

R
Radstand 82
Rahmenlehrplan 11
Ramschkauf 36
Randsortiment 54
Randzone 76
Ratenkauf 37
Rechenaufgabe 16
Rechnungserläuterung 117
Rechnungserstellung 117
Rechtsdienstleistungsgesetz (RDG) 95
Rechtsgeschäft
– Anfechtbarkeit 39
– bürgerliches 34
– einseitiges 34
– mehrseitiges 34
– Nichtigkeit 39
– zweiseitiges 34
Rechtsobjekt 31
Rechtsordnung 31
Rechtssubjekte 31
Reckzone 77
Recycling 47, 97
Reifen 80
Reifenbezeichnung 81
Reifeneinlagerung 105
Reihenfolgeaufgabe 15
Reparaturarbeit 93
Reparaturkostenübernahmebestätigung (RKÜ) 98, 110
Restwert 114
Rettungszeichen 99
rhetorische Frage 63
Rücknahmeverpflichtung 98, 127

Rückruf 92
Rücktritt vom Kaufvertrag 57

S
Sachdarlehensvertrag 38
Sachebene 60
Sachmangel 89, 103
Sachverständiger 95, 113
Saisonsortiment 54
Sandwichmethode 66
Schaden
– abstrakter 58
– konkreter 58
Schadenersatz 46, 57
Schadenfreiheitsklasse 112
Schadenklassifizierung 111
Schadenminderungspflicht 115
Schadenregulierung 113
Schadensaufnahme 94
Schickschuld 26
Schiedsstelle 123
Schmiermittel 85
Schweigen als Ablehnung 29
Schweigen als Annahme 29
Selbstinverzugsetzen 57
Selbstoffenbarung 60
SEPA-Basislastschrift 118, 120
SEPA-Firmenlastschrift 48, 120
SEPA-Überweisung 48
Serviceheft 92, 107
Serviceleistung 30, 69, 104
Service-Paket 105
Servicepläne 107
Servicezone 76
Sicherheitsbestimmungen 99
Sicherheitsmerkmale 119
sicherheitsrelevante Ausstattung 20
Sicherungsabtretung 111
Sicherungsfunktion 51
Sichtprüfung 80
Sichtzone 77
Skonto 49
Smart-Repair 127
Sonderrabatt 27
Sortimentsbereinigung 53
Sortimentsbreite 54
Sortimentsdifferenzierung 54
Sortimentsdiversifikation 54
Sortimentserweiterung 53
Sortimentspolitik 53
Sortimentstiefe 54
soziale Fähigkeiten 60
Spekulationsfunktion 51
Sperrdifferenzial 81
Speziesschuld 26
Spezifikationskauf 36

Spur 82
Spurweite 82
Stückkauf 36
Stückschuld 26
Sturz 82
Suchartikel 55
Suggestivfrage 63

T
Taschengeldparagraf 33
Teilkaskoversicherung 112
Termingeschäfte 71
Terminkauf 37
Terminplaner 109
Terminüberwachung 56
Terminvereinbarung 107
Tonfall 62
Transportkosten 71
Transportverpackungskosten 28
Treuerabatt 27
TÜV 102
TÜV-Abnahme 105

U
Umsatzsteuer 117
Umschlagshäufigkeit 21
Umtausch 68
Umweltbelastung 126
umweltfreundliches Produkt 129
Umweltkonzept 128
Umweltschutz 126
Umweltschutzbestimmungen 99
Umweltschutzpolitik 128
Umweltverträglichkeit 30
Umweltzeichen 129
unbeweglichen Sachen 39
Unfallabwicklung 95
Unfallgeschäft 110

V
Vehicle Identification Number (VIN) 108
Ventile 85
Verabschiedung 70
Verarbeitungsklausel 40
Verbleibserklärung 97
Verbotszeichen 99
Verbraucherschutzrecht 73
Verbrauchervertrag 41
Verbrauchsgüterkauf 29, 36, 42
Verbundabfall 131
Vergleichsmethode 66
Verjährung 39
Verjährungsfrist 39
Verkauf 60
Verkaufsargumentation 64
Verkaufstechnik 60

Verkaufsverpackung 71
Verkehrs-Rechtsschutzversicherung 112
Verkehrssicherheit 80
Verkleinerungsmethode 67
Verpackung 47, 71
Verpackungsverordnung 97
Verpflichtungsgeschäft 38
Verrechnungsscheck 122
Versandverpackung 71
Vertragsbedingungen 41
verwendungsbezogene Aussage 64
Verwertungsbetrieb 116
Verwertungsnachweis 97
Verzögerungsmethode 66
Vollkaskoversicherung 111
Vorausabtretungsklausel 40
Vorauszahlung 72
vorrangiges Recht 44

W
Ware
– fehlerfreie 73
– fehlerhafte 73
Warenannahme 42
Warenausgabe 59
warenbezogene Aussage 64
Wareneingang 42
Wareneinsatz 21
Warenkunde 60
Warenpräsentation 78
Warenrücknahme 59
Warenschuld 26
Warenströme 46
Warenvorlage 64
Warenwirtschaftssystem (WWS) 46
Warnzeichen 99
Wartung 100
Wartungsdienst 87
Wartungsintervall 87
Werkstattauftrag 107
Werkstattauslastung 109
Werkstattformulare 108
Werkstatthandbücher 107
Werkstattkapazität 109
Werkvertrag 38, 103
Werterhöhung 114
Wertminderung 113
W-Fragen 63
Wiederbeschaffungsdauer 114
Wiederbeschaffungswert 113
Wiederverkäuferrabatt 27
Wiederverwertungskreislauf 117

Willenserklärung
– empfangsbedürftige 34
– mündliche 34
– nicht empfangsbedürftige 34
– schlüssiges Handeln 34
– schriftliche 34
Wirkungsprüfung 102
wirtschaftlicher Totalschaden 114

X
Xenonlampe 83

Z
Zahlungsbedingungen 25, 30, 72
Zahlungsmöglichkeit 118
Zahlungsziel 48
Zeitüberbrückungsfunktion 51
zeitwertgerechte Reparatur 104, 127
Zielkauf 37, 72
Zubehör 20
Zulassungsbescheinigung Teil 1 107
Zuordnungsaufgaben 15
Zweckkauf 45
zweite Teileschiene 116